Enneagramm
für Anfänger

Entdecke auf 9 Wegen
deine verborgenen Ressourcen und Potenziale

Sophie Grapengeter

Email: info@edition-lunerion.de
www.edition-lunerion.de

Psiana eCom UG
Berumer Str. 44
26844 Jemgum

INHALT

Einleitung

Haben Sie sich schon einmal gefragt, warum den Menschen kaum etwas mehr fasziniert als die eigene Persönlichkeit? Nicht nur die Frage danach, wie ihre Persönlichkeit aussieht, treibt die Menschen an. Eine damit verbundene und sehr wichtige Frage ist: Wie bringen Sie Ihre Persönlichkeit in die Gesellschaft ein? Wie entscheidend sind Sie mit Ihren persönlichen Eigenschaften für Ihre Mitmenschen? Der Kulturpolitiker und Schriftsteller Berthold Auerbach hat herausgestellt, worauf es Menschen innerhalb der Gesellschaft oft ankommt und welche Wechselwirkung die individuelle Persönlichkeit und die Gesellschaft zueinander haben:

„Eine große Frage der Lebenskunst ist, inwieweit wir unsere Persönlichkeit, unsere Eigentümlichkeit mit in die Gesellschaft nehmen und an sie hinausgeben dürfen. Zu viel Persönlichkeit atomisiert die Gesellschaft, zu wenig Persönlichkeit verflacht sie und macht sie farblos, fade und vag." (Auerbach, o. J.).

Damit ist nicht nur Ihre Weiterentwicklung von Ihrer Persönlichkeit beeinflusst. Nein, vielmehr bestimmen Sie mit Ihrer Persönlichkeit auch Bereiche, die die Gesellschaft prägen.

Entscheidend sind dafür Lernprozesse. Und Lernprozesse sind konstruiert. Welche Mittel, welche Umgebung und welche Mitmenschen Sie für das Entwickeln Ihrer Persönlichkeit und das lebenslange Lernen benötigen, ist von Ihren individuellen Charaktereigenschaften abhängig. Der Göttinger Neurobiologe Gerald Hüther macht im Rahmen der Diskussion über Lernprozesse immer wieder darauf aufmerksam, dass das Lernen immer auch an die Persönlichkeit gekoppelt ist. Denn nur „durch die Aktivierung emotionaler Zentren werden bestimmte Botenstoffe freigesetzt, dadurch werde das Gelernte in Form von neuaufgebauten Netzwerken verankert." (Hüther, 2015). Dies ist ein entscheidender Grund für den Boom zahlreicher Persönlichkeitsratgeber, für Selbsttests und für die Beratung über einen Life Coach. Denn wenn Sie es schaffen, zu erfahren, wie Sie Ihre persönlichen Eigenschaften einsetzen, können Sie ein besseres und in Ihrem Sinne zufriedeneres Leben führen. Statt sich zwanghaft anzupassen und um seine Persönlichkeit herum zu arbeiten, lieber die eigene Persönlichkeit verstehen und schätzen lernen.

So beginnen Sie nach und nach in Ihrem Berufsleben, in Ihrem Familienleben, in Ihrem Freundeskreis und in Ihrer Partnerschaft Ihre persönlichen Grenzen und Bedürfnisse besser einzuschätzen. Mithilfe des Enneagramms und weiteren Persönlichkeitsmodellen soll bei Ihnen der Anreiz zur stetigen Selbstreflexion geschaffen werden. Ihnen wird ein Werkzeug an die Hand gegeben, welches Sie nach Ihrem Gefühl und Verständnis nutzen können. Denn das Wichtigste ist, dass es Sie anspricht und einen Lernprozess in Ihnen in Gang setzt. Stellen Sie sich vor, wie es wäre, sich nicht mehr im Nachhinein zu fragen, warum eine Fehlentscheidung getroffen wurde, warum Sie Entscheidungen getroffen haben, die Ihnen eigentlich zuwider sind und nicht mit Ihrer Persönlichkeit vereinbar sind.

Sie lernen mit den Persönlichkeitsmodellen nicht nur Ihre Stärken, sondern auch Ihre Schwächen ratsamer einzuschätzen. Sie lernen, wie Sie im Umgang mit anderen diese besser abwägen. Damit lernen Sie auch, wie Sie von anderen Persönlichkeitstypen profitieren, anstatt mit diesen in Konflikt zu geraten. Gerade im Berufsleben kann so die ein oder andere Konfliktsituation vermieden werden. An dieser Stelle soll es eine kleine Entwarnung geben. Ihnen begegnet in diesem Buch nicht nur Theorie. Sie werden durch alltägliche Praxisbeispiele und Anekdoten aus dem Leben geführt. Diese werden Ihnen helfen, darin vielleicht auch sich selbst, einen Bekannten, den Nachbarn von nebenan oder eine nahestehende Person wieder zu erkennen. Tauchen Sie nun ein in die Suche nach Ihren ganz individuellen Persönlichkeitseigenschaften.

Das Enneagramm

Sollten Sie sich die Frage gestellt haben, was das Enneagramm so besonders macht, wird Ihnen diese nun beantwortet. Das Enneagramm verbindet als Werkzeug Persönlichkeitspsychologie, Spiritualität und auch wesentliche Erkenntnisse der Neuropsychologie. Der Ökumenische Arbeitskreis Enneagramm versteht dieses auch als wegweisendes Werkzeug und als „Spiegel der Seele" (Ökumenische Arbeitskreis Enneagramm, 2019). Das Konzept und die Methodik des Enneagramms sind mittlerweile so ausgereift, dass Kurse dafür angeboten werden (Näheres dazu erfahren Sie im Kapitel „Blick in die Mythologie").

Das Enneagramm kann auch als Hilfe zur Selbsthilfe gesehen werden. Der Autor und Pastor Andreas Ebert schreibt dazu in seinem Buch „Enneagramm“ folgendes: „Wegweiser zeigen den Weg; gehen aber müssen wir selbst.“ (Ebert, 2013).

Symbolik

Das Wort Enneagramm entstammt dem griechischen Wort „ennea“, was wörtlich übersetzt „neun“ bedeutet. Dabei geht es um eine Unterscheidung von 9 Charaktermustern. Diese Unterscheidung obliegt der Vorstellung, dass jeder Mensch einem dieser Charaktermuster zugeordnet werden kann. Dabei kann der Mensch aber auch Anzeichen der anderen Charaktermuster vorweisen. Diese zugeschriebenen Eigenschaften sind darauf begründet, dass sie als Antworten auf frühe Lebenserfahrungen gelten und das Verhalten langfristig bestimmen. Die individuelle Weiterentwicklung kann als Synthese innerhalb eines Typs gesehen werden.

Jeder Punkt, jede Linie im Enneagramm ist nicht rein zufällig vorhanden. Alles hat eine Bedeutung und einen tieferen Zusammenhang, der in das gesamte Enneagramm eingebettet ist. Das Enneagramm beinhaltet ein im Kreis eingearbeitetes Symbol mit neun Ecken. Dieses Symbol wiederum ist zusammengesetzt aus einem gleichseitigen Dreieck und einer aus sechs Ecken bestehenden Figur. Von der rechten oberen Ecke aus werden die neun Ecken im Uhrzeigersinn nummeriert.

Sie möchten nun sicher wissen, was es mit der gesamten Symbolik auf sich hat. Es gibt Interpretationen, die die Symbolik etwas unterschiedlich auslegen. Dies liegt unter anderem daran, dass der spirituell-religiöse Kontext des Enneagramms weit zurückliegt (Näheres dazu im Kapitel „Blick in die Mythologie“).

Hier wird eine Definition umschrieben, die der Enneagrammblog und die Community „The-Enneagram-depot.com“ beschrieben hat.

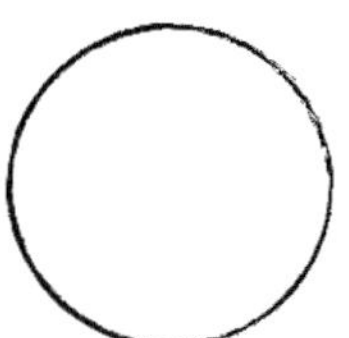

Der Kreis symbolisiert nicht nur die umfassende göttliche Natur, sondern auch die Einheit des Lebens. Er stellt den Behälter dar, in dem wir als Menschen den Kontext unseres

Lebens ausleben. Er repräsentiert die Ganzheit eines Menschen, bevor wir scheinbar vom Ego zersplittert wurden und nachdem wir uns bewusst geworden sind, dass wir diese Ganzheit nie verloren haben.

Es gibt mehrere Erklärungen für das Dreieck. Das Dreieck stellt das sogenannte Dreiergesetz dar. Dies besagt, dass sich jedes Phänomen aus drei verschiedenen Quellen zusammensetzt: der aktiven, der passiven und der neutralen Quelle. Und ein Gesetz der Drei findet sich im Christentum wieder: die Dreifaltigkeit. Vater, Sohn und Heiliger Geist sind eins. Ein weiteres Konzept ist das Konzept des Wahrnehmenden, des Aktes des Wahrnehmens und des Wahrgenommenen.

In seinen Lehren über den vierten Weg wandte George Gurdjieff das Gesetz der Drei in einem Transformationsprozess an, der, wie er es sah,

Bestätigung, Verweigerung und Versöhnung erforderte. Dieser Transformationsprozess soll im täglichen Leben ablaufen und eine stetige Weiterentwicklung und Selbstsynthese darstellen.

Das fünfeckige Symbol wird mit den fünf Elementen in Verbindung gebracht. Eine interessante Assoziation ist der Abstand zwischen dem vierten und dem fünften Punkt. Dieser Abstand soll den Abstand zwischen dem (männlichen) Kopfbereich und dem (weiblichen) Herzbereich ausdrücken. Das Sechseck soll für das Nicht-Vollkommene stehen.

Oft wird dies jedoch anders interpretiert, nämlich als Hexad. Das Hexad stellt ein sechseckiges Symbol dar, welches sieben Punkte beinhaltet. Diese folgen einer Symbolik, die letztlich wieder zum Ursprung zurückführt, wo der siebte Punkt zu verorten ist. Die Bedeutung des Hexad besteht in dem sogenannten Gesetz der Sieben. Es betrachtet den Weg der Bewegung zu und von etwas in dieser Welt als keine gerade Linie. Auf diesem Weg befinden sich folgende Perioden: das Streben, das Versagen und das erneute Streben. Es ist ein Auf und Ab.

Das Enneagramm-Symbol als Ganzes betrachtet beinhaltet drei wesentliche Element der menschlichen Psyche. Es besteht dabei immer ein Dualismus.

- Gut und Böse
- Kopf und Angst
- Herz und Scham

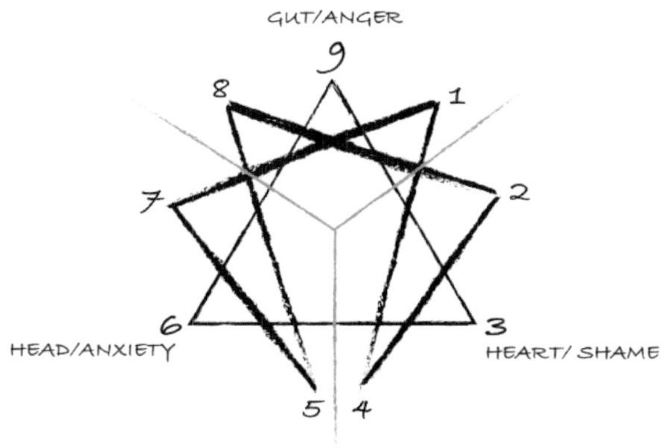

Das Enneagramm überlagert diese drei Elemente auf eine Weise, die einen Weg zu einem volleren, reicheren Leben für jeden symbolisiert, der bereit ist, von den Auslösern der Persönlichkeit zurückzutreten und sich selbst zu beobachten. Die Linien auf dem Enneagramm-Symbol zeigen diesen Pfad dazu auf.

Aufbau

In diesem Kapitel erfahren Sie, was es mit der Logik und der Beschaffenheit des Enneagramms eigentlich auf sich hat. Das Besondere am Enneagramm ist sein Aufbau und die damit verbundene Logik. Das Enneagramm ist geometrisch ganz einfach gesehen ein Kreis. In diesem Kreis sind in gleichen Abständen neun Punkte platziert. Diese Punkte markieren die Persönlichkeitsgrundtypen. Dort hört das Enneagramm jedoch nicht auf, denn die einzelnen Grundtypen der Persönlichkeit stehen miteinander in Verbindung. Es gibt auch keine Auf- oder Abwertung eines Typs.

Die Persönlichkeitsgrundtypen stehen alle in einem Wechselverhältnis zueinander. Dies macht es möglich, dass Sie Ihren persönlichen Platz im Enneagramm finden können. Sie können aus einer großen Variationsbreite wählen, wo Sie sich selbst verorten würden. Wenn Sie Ihre Persönlichkeit weiter weg vom Zentrum des Persönlichkeitstyps verorten, haben Sie auch Eigenschaften des anliegenden benachbarten Persönlichkeitstyps. Die Entwicklung innerhalb Ihres Lebens bestimmt, wo Sie sich letztlich befinden und ob Sie die Eigenschaften ausbalancieren oder mehr Attribute und Eigenschaften des anderen Persönlichkeitstyps aufweisen.

Stellen Sie es sich so vor: Das Enneagramm ist bestimmt durch Flügel und Entwicklungslinien. Diese scheinen vielleicht auf den ersten Blick verwirrend, doch sie weisen auf eine entscheidende Erkenntnis hin: Jeder Mensch unterscheidet sich von anderen durch eine Vielzahl kleinster Unterschiede in der Persönlichkeit. Die Typologisierung erfolgt zwar nur über neun Typen, aber die Querschnitte und Verbindungen dieser zeigen eine enorme Vielfalt an Möglichkeiten auf. So ist die Frage nach der Persönlichkeit nicht mit einem Blick beantwortet. Sie lernen vielmehr, die Verbindung zu anderen Persönlichkeitstypen einzuschätzen. Je mehr Sie sich vom zentralen Punkt eines Grundtyps weg verorten, desto mehr charakterliche Prägungen eines anderen Typs weisen Sie auf. Und die Verbindung mit den anliegenden Persönlichkeitstypen wird als Flügel bezeichnet (Ökumenische Arbeitskreis Enneagramm, 2019). Dies kommt auch am ehesten der Realität nahe, denn niemand kann vollkommen in einem Persönlichkeitsgrundtyp aufgehen. Dies erklärt aber auch, weshalb Sie mit Menschen etwas gemein haben können, die Sie an sich zunächst nicht Ihrem eigenen Persönlichkeitstypen zuordnen würden. Sie können sogar nach außen hin exakt dasselbe Verhalten aufweisen, wie ein Mensch mit einem völlig anderen Typ. Erst beim genaueren Hinsehen und Nachfragen werden Sie feststellen, dass Sie sich in vielerlei Hinsicht unterscheiden. Manchmal führen zwei völlig unterschiedliche Charaktere zu ein und derselben Entscheidung oder auch zu gleichen Verhaltensmustern.

Warum trägt der Flügel eine hohe Relevanz?

Wenn Sie auf die Überschneidungen zu anderen Persönlichkeitsgrundtypen achten, lernen Sie, Ihre Persönlichkeit als ein Ganzes zu betrachten. Es ist die Bedingung zur Wahrnehmung Ihrer vollen Persönlichkeit. Bei den meisten Menschen wird in der ersten Hälfte ihres Lebens zunächst einmal ein Flügel stärker ausgeprägt sein als ein anderer.

Dabei kommt es darauf an, wie sie aufwachsen, welche Erfahrungen sie im Leben machen und was sie prägt. Die zweite Hälfte des Lebens ist oft davon geprägt, diesen Flügel auszubauen, darin aufzugehen und Schwächen wie auch Stärken genauer zu kennen. Dieser Prozess läuft, auch ohne das Handwerkzeug eines Enneagramms zu haben, automatisch ab.

Das Enneagramm hilft jedoch, früher und effektiver zu erkennen, an welchen Stellen gearbeitet werden kann. Deshalb sollten Sie, wie auch schon der Hinweis weiter oben lautete, nicht verwundert sein, dass Sie sich in verschiedenen Typen wiederfinden.

Die neun Typen

In diesem Kapitel lernen Sie, wie die neun Persönlichkeitstypen aussehen. Seien Sie besonders hier aufmerksam und notieren Sie sich gegebenenfalls auch Eigenschaften und Assoziationen, die Ihnen beim Lesen in den Sinn kommen. Hier gilt es, vom passiven Leser zum aktiven Mitdenker zu werden.

Sie haben nun einiges über das Enneagramm im Allgemeinen erfahren. Um das Enneagramm jedoch wirklich zu verstehen, ist die genaue Definition der einzelnen Persönlichkeitstypen entscheidend. Im Folgenden werden Ihnen die neun Persönlichkeitstypen vorgestellt. Horchen Sie tief in sich hinein. Welches Attribut, welche Charaktereigenschaft würden Sie im ersten Moment für sich zutreffend finden? Beachten Sie dabei, dass es Persönlichkeitstypen gibt, die sich treffen und ähneln. Meistens sind es Persönlichkeitstypen, die beieinanderliegen, sogenannte „Flügel“ (Vgl. Eclecticenergies, o. J.). Wenn Sie sich beispielsweise dem Persönlichkeitstypen 2 zuordnen, könnten Sie auch Verbindungen zum Persönlichkeitstypen 1 und 3 haben. Wenn Sie keine Verbindung zu den anderen beiden Persönlichkeitstypen sehen, ist Ihr Flügel „ausbalanciert“ (Vgl. Eclecticenergies, o. J.). Sollten Sie an eine Ihnen nahestehende Person mit demselben Typ, aber mit etwas anderen Eigenschaften, denken, ist dies kein Grund zur Verwirrung. Oft haben Menschen, die sich denselben Typ teilen, sowohl einige Eigenschaften, die im Einklang stehen, als aber auch Charaktereigenschaften, die in ihrer Ausprägung variieren. Das Enneagramm schafft fließende Verbindungen zu anderen Typen. Das ist es, was es so besonders macht.

An dieser Stelle erhalten Sie zunächst einmal eine Auflistung der Persönlichkeitstypen. Anschließend erfahren Sie zu jedem Persönlichkeitstypen, welche Eigenschaften wesentlich sind und diesem zugeordnet werden. Die Benennung der Typen erfolgt nach der möglichst besten Umschreibung des Typs. In den Klammern dahinter können Sie die Typenbenennung nach Riso und Hudson finden. Beide sind internationale und namhafte Vertreter des Enneagramms. Hudson ist der Gründer des Enneagramm-Instituts. Sie können frei wählen, welche Benennung Ihnen genehmer ist. Erfahren Sie nun, welche Persönlichkeitstypen das Enneagramm für Sie bereithält.

1. Der *kontinuierliche Umgestalter* (Der Reformer)
2. Der *umsorgende Weggefährte* (Der Helfer)
3. Der *allseits Strebsame* (Der Leistungsmensch)
4. Der *selbstfühlende Einzigartige* (Der Individualist)
5. Der *beobachtende Wissbegierige* (Der Forscher)
6. Der *instinktive Gerechtigkeitsliebhaber* (Der Loyale)
7. Der *unstillbare Vergnügungssuchende* (Der Enthusiast)
8. Der *entschlossene Selbstbestimmer* (Der Herausfordernde)
9. Der *harmoniestiftende Konfliktvermeider* (Der Friedliebende)

1. Der kontinuierliche Umgestalter
(Der Reformer)
Optimierung, Professionalisierung, Perfektion.
Sind sie vielleicht der/die kontinuierliche Umgestalter/in? Dann geht es Ihnen nicht nur darum, Dinge in Ordnung zu bringen, sondern mehr noch, Sie wollen sie optimieren, am besten auch eine Höchstleistung erreichen. Das Weltbild ist oft von der Sicht begleitet, dass nichts optimal genug ist. Das macht Sie zu einem/r Perfektionisten/in. Wenn Sie Chaos sehen, sind Sie die Person, die als Erstes beginnt, Ordnung zu schaffen. Eines wissen Sie genau: Das Chaos lauert überall.

2. Der umsorgende Weggefährte (Der Helfer)
Hilfsbereitschaft, Aufopferung, Hingabe.
Sind Sie vielleicht der/die umsorgende Weggefährte/in? Dann fühlen Sie tief im Innern, dass Ihr Wert sich danach bemisst, wie hilfsbereit und wertvoll Sie für andere sind. Sie verpflichten sich Ihrem höchsten Ideal: der bedingungslosen Liebe. Sie sehen Ihre eigene Hingabe für andere als eine Pflicht und als Zweck Ihres Lebens. Dem gehen Sie mit voller Leidenschaft und Tatendrang nach. Offen, in der Gemeinschaft gut eingegliedert und mit vollem Herzen bei der Sache, sind Sie oft gesellschaftlich und familiär engagiert. Sie sind der Ratgeber für Ratsuchende. Sie vergessen niemanden und Ihnen fällt auf, was anderen längst verborgen bleibt.

3. Der allseits Strebsame

(Der Leistungsmensch)

Erfolg, Leistung, Bestreben.

Sind Sie vielleicht der/die allseits Strebsame? Dann wissen Sie tief in Ihrem Inneren, dass Sie die Bestätigung anderer brauchen, um sich wertvoll zu fühlen. Erfolg und Bewunderung sind Ihnen wichtige Werte. Dafür arbeiten Sie hart und fokussieren die Erreichung Ihrer Ziele stringent. Sie wissen, dass Sie den nötigen Fleiß und die Entschlossenheit mitbringen, die vielen fehlt, um zu erreichen, wonach jeder strebt: Erfolg. Konkurrenz jagt Ihnen keine Angst ein. Im Gegenteil: Es bereitet Ihnen Freude, mit anderen konkurrieren zu können. Ihren Erfolg tragen Sie mit Stolz und Ihr Umfeld darf auch gerne daran teilhaben und davon erfahren. Was Sie sich auch vornehmen, Sie sind wild entschlossen, es zu erreichen.

4. Der selbstfühlende Einzigartige

(Der Individualist)

Kreativität, Individualismus, Einzigartigkeit.

Sind Sie der/die selbstfühlende Einzigartige? Dann sind Sie immer auf der Suche nach Ihrer eigenen Identität. Sie wissen, dass Sie einzigartig sind und sich von den anderen unterscheiden und dies wollen Sie auch der Außenwelt zu verstehen geben. Sie stützen Ihr gesamtes Verhalten und den Umgang mit anderen darauf, dass Sie sich anders fühlen, ob Sie dies nun manchmal als Segen oder auch als Fluch sehen. Es begleitet Sie immer das Gefühl, nicht wie die anderen zu sein. Deshalb entschließen Sie sich dazu, es selbstbewusst der Welt zu zeigen und damit auszudrücken: Hier bin ich! Dadurch verlieren Sie nie den Bezug zu sich selbst. Es kommt Ihnen jedoch oft auch so vor, dass Sie durch Ihre Ecken und Kanten schwieriger in Positionen kommen und nicht die Möglichkeiten haben, die andere weitaus weniger individualistische Menschen haben. So wird Ihnen oft der Zugang zu einfachen Wegen des Glücks verwehrt bleiben.

5. Der beobachtende Wissbegierige

(Der Forscher)

Beobachtung, Rückzug, Denker.

Sind Sie der/die beobachtende Wissbegierige? Dann begleitet Sie oft die Angst, nicht stark genug für die Geschehnisse um Sie herum zu sein. Sie sind kein rein ängstlicher Mensch, sie mögen es nur nicht, wenn Sie Entscheidungen nicht vorher gründlich durchdenken konnten. Sie ziehen sich daher in Ihr eigenes Bewusstsein zurück und begeben sich auf Gedankenreisen, durchdenken komplizierte Gedächtnisrätsel und lösen ungelöste Geheimnisse. Sie haben ein geistiges und abstraktes Level an Verständnis erreicht, wovon viele Menschen nur träumen. Daher sind Sie sehr intelligent, belesen und sehr nachdenklich. Sie sind bestens geeignet, um

Experte in einem Fachgebiet zu werden oder Sie sind es schon, denn das nötige Know-how bringen Sie mit.

6. Der instinktive Gerechtigkeitsliebhaber

(Der Loyale)

Loyalität, Gerechtigkeit, Zuverlässigkeit.

Sind Sie der/die instinktive Gerechtigkeitsliebhaber/in? Dann fühlen Sie sich tief in Ihrem Innern unsicher. Sie wissen nicht genau, was es ist, aber es begleitet Sie eine permanente Unsicherheit darüber, Entscheidungen zu treffen und von Menschen hintergangen zu werden. Sie werden das Gefühl nicht los, als gäbe es nichts von Beständigkeit. Daher kann sich derjenige sehr glücklich schätzen, dem Sie vertrauen, denn Ihr Vertrauen verschenken Sie nicht, im Gegenteil, man muss es sich hart verdienen. Sie sind bereit, bedingungslos zu einem Menschen zu halten. Es gibt nicht viele Menschen, die so loyal sind wie Sie. Deshalb müssen Sie auch darauf achten, nicht ausgenutzt zu werden. Hat sich jemand als verlässlich und vertrauensvoll bewiesen, kann er damit rechnen, dass Sie in jeder Lebenslage zu ihm halten werden.

7. Der unstillbare Vergnügungssuchende

(Der Enthusiast)

Vergnügen, Abenteuer, Glück.

Sind Sie der/die unstillbare Vergnügungssuchende? Dann wissen Sie, wie das Leben auch Spaß machen kann und Freude bereitet. Sie lieben es, Pläne zu schmieden, viel zu lachen und das Leben auszukosten. Bedenken Sie dabei nur, dass Sie oft auch auf der Suche nach Ablenkung vor dem Ernst des Lebens sind. Sie sehen Ihr Leben wie eine spannende Achterbahnfahrt, daher führt Ihr Blick Sie geradewegs in die Zukunft, jedoch können Sie deshalb selten einmal eine Pause einlegen und zur Ruhe kommen. Ständig sind Sie von der Vorstellung begleitet, dass etwas auf Sie wartet und Sie keine Zeit verschwenden sollten. Ihre Mitmenschen sind oft darüber erstaunt, wie viel Energie Sie im Alltag so mit sich bringen. Daher suchen viele Ihre Nähe und beschreiben Sie als „Muntermacher" oder „Gute-Laune-Mensch". Sie sind laut, haben durch Ihr permanentes Ausprobieren viele Talente und sind immer aufgeschlossen für etwas Neues. Man kann sagen, dass Sie der Freund sind, mit dem sich Pferde stehlen lassen.

8. Der entschlossene Selbstbestimmer (Der Herausfordernde)

Selbstbestimmung, Entschlossenheit, Kontrolle.

Sind Sie der/die entschlossene Selbstbestimmer/in? Dann mögen Sie es überhaupt nicht, wenn Ihnen andere sagen, wo es lang geht. Sie scheuen sich daher aber auch nicht davor, Verantwortung zu übernehmen. Kontrolle? Die möchten Sie ausüben und Sie möchten möglichst vermeiden, dass diese über Sie hinweg ausgeübt wird. Mit diesem Bedürfnis geht die Weltsicht einher, das eigene Schicksal selbst und in vollem Ausmaß bestimmen zu können. Sie sind wild entschlossen, scheuen keine Konfrontation und gehen nur selten Kompromisse ein. Meistens kommen Sie damit weit, es gibt aber auch Situationen, in denen Sie damit Probleme erzeugen. Ihre Mitmenschen beschreiben Sie als einen dominanten, praktischen Menschen, der weiß, was er will. Wenn Sie doch einmal in der Situation sind, kontrolliert zu werden, wollen Sie dies damit kompensieren, dass Sie wiederum Kontrolle auf einen anderen Menschen ausüben.

9. Der harmoniestiftende Konfliktvermeider (Der Friedliebende)

Frieden, Harmonie, Ruhe.

Sind Sie der/die harmoniestiftende Konfliktvermeider/in? Dann streben Sie unstillbar nach Frieden und Harmonie. Selbst versuchen Sie, unter allen Umständen Konflikten aus dem Weg zu gehen. Sollten Sie Zeuge eines Konfliktes sein, versuchen Sie, die Streitparteien zur Ruhe zu bringen und die hitzige Diskussion zu harmonisieren. Daher werden Sie auch in Ihrem Umfeld vielseitig als Ruhepol geschätzt. Auch in Ihrem Inneren streben Sie nach Harmonie und Seelenruhe. Unruhe und Negatives passen nicht in Ihr Lebenskonzept hinein. Da das Leben jedoch ständig unruhig ist, Konflikte bereithält und Sie die vielen negativen Ereignisse erschüttern würden, ziehen Sie sich zurück. Als introvertierte Person kümmern Sie sich um Ihre Liebsten und Ihr eigenes Wohlbefinden. Es kann auch sein, dass Sie sich auf ein aktives Sozialleben einlassen. Sie vermeiden jedoch, dass etwas Ihre innere Ruhe und Ihren Frieden durcheinanderbringen könnte.

Die Historie des Enneagramms

In den folgenden Kapiteln erhalten Sie einen Einblick in die weitreichende Geschichte des Enneagramms. Dabei wird klar, dass es besonders dadurch einen unverkennbaren Wert in vielen Teilen der Welt bekommen hat.

Wie Sie bereits erfahren haben, wird der Ursprung des Enneagramms auf verschiedene Entstehungsgeschichten zurückgeführt. Ursprung und Entstehungsgeschichte sind damit nicht eindeutig bestimmbar. Die Spuren des Enneagramms reichen bis in die Philosophie der Antike und in die frühchristliche Theologie.

Sufismus

Andere Meinungen besagen, dass sich das Enneagramm auf den Sufismus zurückführen lässt. Der Sufismus ist eine islamische Bruderschaft, die sich während der Zeit des Propheten Mohammed gegründet hat. Sie setzt den Fokus auf die Liebe des Gläubigen zu Gott. Das Leben eines Sufis beinhaltet vier wesentliche Prozesse.

1. die Auslösung einer rein sinnlichen Wahrnehmung
2. die Loslösung von rein individuellen Merkmalen
3. der Tod des Egos
4. die Auflösung in ein göttliches Prinzip

Wie steht dies nun mit dem Enneagramm in Verbindung? Das Enneagramm hilft dabei, zu erkennen, wie Sie sich aus einer versperrten Ich-Perspektive lösen und das Ganze sehen können. Diese versperrte Ich-Perspektive stellt dem Sufismus nach 40 Grad der 360 Grad des Enneagramms dar. Nur, wer das Ganze erkennt, kann auch Gott erkennen (Sufi-Zentrum Braunschweig, o. J.). Eine bekannte Geschichte des verehrten Mullahs (Gelehrter im Sufismus) Nasruddin macht die Engstirnigkeit des Menschen deutlich:

„Nasruddin segelt mit einem Gelehrten über eine stürmische See. Als er etwas sagt, das grammatisch nicht ganz richtig ist, fragt der Gelehrte: Haben Sie denn nie Grammatik studiert? – Nein. – Dann war ja die Hälfte Ihres Lebens verschwendet! – Kurz darauf dreht sich Nasruddin zu seinem Passagier um: Haben Sie je Schwimmen gelernt? – Nein. Warum? – Dann war Ihr ganzes Leben verschwendet, wir sinken nämlich!" (Sufi-Zentrum Braunschweig, o. J.).

Auch heute noch hat das Enneagramm in der sufistischen Lehre eine Bedeutung. Wie bereits weiter oben erwähnt, drückt das Enneagramm das Dilemma um den Verlust der Verbindung zu Gott aus und schafft ein Bewusstsein zur Selbstfindung und letztlich zur Gottesfindung. Die Muster werden jedoch auch als lebensnotwendige Antworten für Kindheitsprobleme definiert.

Der Begriff Ur-Vertrauen, den Sie sicherlich im Zusammenhang mit Freud kennen, wird an dieser Stelle wesentlich. In der spirituell sufistischen Lehre besteht das Ur-Vertrauen darin, dass Raum und Zeit, das Universum und der Mensch als solches, in seiner Essenz gut ist. Schlechte Erfahrungen im Frühkindesalter im Sinne von zu wenig Zuneigung oder auch „Nicht-Gehalten-Sein“ erschüttern dieses tiefsitzende Vertrauen (Vgl. Frahling, 2016).

Die Folgen bestehen in dem Verlust des echten Selbst. Daraus sind die weiter oben beschriebenen Probleme der Ego-Fixierung und des Selbstverlustes zu entnehmen. Dies hat Auswirkungen auf das gesamte Leben. Es entsteht eine Fehlwahrnehmung und störende Verhaltensmuster werden zur Tagesordnung. So symbolisieren die neun Typen im Sufismus neun „verschiedene Wahrnehmungen Gottes“ oder der eigenen individuellen Persönlichkeit. Sie stellen den Naturzustand dar und darin wird ihr essenzieller Beitrag zur Selbstfindung begründet (Almaas, o. J.).

Jede dieser Ideen stellt eine grundlegende Wahrheit über die Realität dar. Diese Wahrheiten führen zur tatsächlichen Wahrnehmung der Wirklichkeit. Diese Wahrnehmung führt dazu, dass der

Mensch eine direkte Verbindung zu Gott aufbaut. Diese Wahrheit und diese Erkenntnis erfüllen den Menschen mit einer vollständigen Liebe. Das Enneagramm im Kontext des Sufismus ermöglicht demnach eine Sensibilisierung für eine solche Verbundenheit mit Gott.

Info: Almaas ist ein bekannter Autor und spiritueller Lehrer. Was Almaas so bekannt gemacht hat, ist die Verbindung von spirituellen Themen und Wissenschaft. Sein Fokus liegt auf der Suche nach der Wahrheit der menschlichen Natur und dem Realitätsverständnis. Daraus entstand der Diamond Approach. Diese Lehre ist eine mystische Lehre, die sich sowohl der alten Weisheitslehre als auch der modernen Psychologie und Psychotherapie bedient. Im Rahmen dessen entstand auch die Ridhwan School, in der diese Praxen gelehrt werden.

Eine ähnliche Grundhaltung findet sich auch im Christentum. Auch hier geht es um eine ursprüngliche Einheit. Einer der wichtigsten Vertreter des Enneagramms in der Neuzeit, Richard Rohr, beschreibt das Enneagramm im Zusammenhang mit dem Christentum wie folgt.

„Wenn wir das Enneagramm als Ikone des Angesichts Christi darstellen, interpretieren wir es als „Angesicht Gottes“ und zugleich als „Angesicht des (wahren) Menschen“ (Rohr & Ebert, 1989).

Der weiter oben schon erwähnte Schriftsteller, Komponist und Coach Georg Iwanowitsch Gurdjieff etablierte auch den Begriff als solchen und brachte ihn zu Beginn des 20. Jahrhunderts in seiner bis heute gültigen Form nach Europa. Er lehrte es in Frankreich, Deutschland, Russland und in weiteren Ländern. Die Erkenntnisse dazu schnappte er auf seinen zahlreichen Reisen und durch die Begegnung mit verschiedensten Menschen auf der ganzen Welt auf. Viele seiner Studenten publizierten über das Enneagramm zahlreiche Bücher.

Bekannt wurde das Enneagramm in Deutschland durch den Pastor Andreas Ebert. Er war Gründungsmitglied und der erste Vorsitzende des "Ökumenischen Arbeitskreises Enneagramm“. Wichtig war die Begegnung mit dem Franziskanerpater Richard Rohr. Das Buch „Das Enneagramm“ wurde zum meistverkauften Enneagramm-Buch Deutschlands. Beide Männer gelten als Vertreter eines gesellschaftskritisch gelebten Glaubens und haben die spirituelle Männerbefreiung maßgeblich mitgeprägt (Claudius Verlag, o. J.).

Sowohl Georg Iwanowitsch Gurdjieff als auch Andreas Ebert und Richard Rohr haben das Konzept des Enneagramms als Coaching-Inhalt und Therapiemöglichkeit vorangebracht. Der „Ökumenische Arbeitskreis Enneagramm" bietet zahlreiche Kurse zum Enneagramm bei professionellen Trainern und Trainerinnen an. Von Einführungsseminaren über die Mustersuche bis hin zur Nutzung des Enneagramms zur Stärkung des Selbstbewusstseins ist alles dabei (Ökumenischer Arbeitskreis Enneagramm, 2019).

Seminare & Workshops

In diesem Kapitel erfahren Sie, wie Sie auch innerhalb einer Gruppendynamik viel für Ihre Persönlichkeitsentwicklung und für den Bewusstseinsprozess mitnehmen können.

Sicher fragen Sie sich, wie so ein Seminar konkret aussieht und um welche Inhalte es dabei geht? Sehen Sie sich beispielsweise die ungefähre Beschreibung des Seminars „Gelebtes Enneagramm - Schwerpunkt Mustersuche" an.

Die Idee des Enneagramms trägt an Sie die Gewohnheiten Ihres Lebens heran. Es lehrt Sie, zu verstehen, welche Stärken und Schwächen Sie in Ihrem

Leben in exakter Weise begleiten. Sie können durch ein Lesestudium sicherlich das Wissen um die Lehren aufsammeln, aber wie übersetzen Sie das Ganze in Ihr Leben? Genau darum soll es in dem Kurs gehen. Wie können Sie die Interpretation in Ihren Alltag hinein vornehmen? Durch den dynamischen und echten Austausch lernen Sie nachvollziehbar, wie Sie die Lehren in Ihren Alltag integrieren.

Wenn Sie erst einmal verstanden haben, was Ihnen dabei wichtig ist, können Sie im Austausch mit vertrauensvollen und kompetenten Menschen über Ihr Innerstes und das, was Sie zur Nutzung in Ihrem Leben benötigen, sprechen. Dies kann unter Umständen sehr hilfreich sein, um die ersten Schritte zu gehen und die richtige Richtung einzuschlagen oder die Selbsterkenntnis zu verstehen. Einige der Möglichkeiten und Fragen, mit denen sich das Seminar befasst, werden hier aufgeführt:

- Wodurch können Sie sicher darin werden, ob Sie im richtigen „Muster-Zuhause“ angekommen sind?
- Welche Risiken bestehen?
- Welche Muster können verwechselt werden?
- Wie kann Ihnen die genaue Unterscheidung gelingen?
- In den Alltag übersetzen - Wie nutzen Sie das Ennea-Modell in der Praxis?

Die Seminare finden in Form von offenen Großgruppenprozessen statt. Antworten werden in Teamwork ermittelt und alle Teilnehmer gehen jeweils auf die einzelnen Ennea-Muster ein (Ökumenischer Arbeitskreis, 2019).

Anekdote: An einem Gruppenseminar nahm eine ältere Dame teil. Diese sprach darüber, wie schwer es ihr fällt, im Alltag überhaupt noch mit Menschen in Kontakt zu kommen. Ihr wird wohl oft nachgesagt, dass Sie dem Gegenüber zu viel von sich erzähle und somit Informationen derart überlade, dass es den anderen schlichtweg überfordere und erschöpfe. Als junge Frau hatte sie bereits einen schmerzlichen Verlust erfahren. Ihr Sohn war jung an einer Erbkrankheit verstorben. Sie hatte sich dafür immer die Schuld gegeben. Als ihr Mann nun vor wenigen Jahren verstarb, brach ihre Welt zusammen.

Eine Weile hatten sie Familie, Freunde und Bekannte getröstet, aber irgendwann hatten sich die meisten von ihr abgewendet. Die Gruppe stellte der Frau noch einige Nachfragen darüber, wie sie sich selbst sah. Sie war verunsichert über diese Frage. Sie beschrieb sich als einen Menschen, der gerne über sich redete. Sie mochte es, ihr eigenes Leben mit anderen Zusammenhängen zu verknüpfen.

Deshalb ging sie auch gerne in einen Strickclub und sprach mit den Frauen dort über ihre Art der

Trauerbewältigung. Nach einigem Hin und Her besprachen die Gruppenmitglieder ihre Vermutung. Sie deuteten auf den Typ 4 hin. Die Frau schien ihren eigenen Wert in Frage zu stellen. Sie liebte die Menschen um sie herum mehr, als sie sich selbst liebte. Die Überbetonung ihrer eigenen Persönlichkeit zeigte kein Selbstbewusstsein, sondern das Bedürfnis, sich selbst mitteilen zu können.

Dahinter verbargen sich die tiefen Bedürfnisse nach Anerkennung, Wertschätzung und Liebe. Im Rahmen einer Aufgabe stellten die Teilnehmer der Frau die Frage, was sie an sich selbst am meisten schätzen würde. Sie stellte fast exakt die genannten Eigenschaften heraus.

Dass sie selbstlos wäre und sich gern um andere kümmere und schnell ein Gefühl dafür hätte, was im anderen vorging. Schließlich wurde die Frage weiter präzisiert. Was gefällt der Frau an sich selbst, was nichts mit anderen zu tun hat. Die Betonung ihrer Persönlichkeit kam an diesem Punkt plötzlich ins Straucheln. Es fiel ihr sichtlich schwer, sich selbst so zu beschreiben. Lange Zeit sei sie das auch nicht mehr gefragt worden. Immer wenn sie ansetzte, verneinte sie ihren eigenen Gedanken.

Also entschied der Gruppenleiter, eine Übung durchzuführen, um der Frau ihre Stärken und

Schwächen bewusst zu machen. Sie setzten sich alle in einem Kreis auf den Boden. Die Frau saß in der Mitte des Kreises. Die Teilnehmenden gingen der Reihe nach nach vorn, tippten auf ihre Schulter und nannten eine Eigenschaft. Es fielen Worte wie empathisch, humorvoll, direkt, reflektiert, charismatisch, stilsicher. Aber auch Worte wie unsicher, haltlos, traurig, unglücklich.

Die Frau bekam einen Moment, um alle Ergebnisse sacken zu lassen und darüber nachzudenken. Sah sie sich selbst in den Beschreibungen widergespiegelt oder konnte sie mit den Beschreibungen nichts anfangen? Einiges, verneinte sie selbst, anderes bejahte sie und über einige Eigenschaften musste sie nachdenken. Sie wurde gefragt, wie sie sich gerade fühlte, ob diese Situation ihr angenehm erschien und die Frau sich in dieser Umgebung wohlfühlte. Die Bestätigung und der Raum, der ihr gegeben wurde, hatte sie lange nicht mehr gehabt.

Danach nahm sie regelmäßig an Seminaren teil und lernte nach und nach ihren Persönlichkeitstypen besser kennen. Mit ein paar der Teilnehmenden schloss sie Freundschaft. Es war wichtig für sie gewesen, Menschen kennenzulernen und mit diesen in Kontakt zu treten. Dabei sollte sie jedoch stets auf sich selbst Acht geben. Es geht für sie vor allem um Selbstwirksamkeit und Selbstliebe.

Potenziale des Enneagramms

Sie haben nun einige Impressionen erhalten, wie weit das Enneagramm zurückreicht, welche Typen der Persönlichkeit das Enneagramm bereithält und dass es bestens in den eigenen Reflexionsprozess eingebettet werden kann. Doch welches Potenzial hat das Enneagramm eigentlich? Und warum ist es für Sie persönlich nützlich, das Enneagramm zu kennen? Gehen Sie in diesem Kapitel den Antworten auf diese Fragen auf die Spur.

Eine Entwicklung hat immer zwei Richtungen

In diesem Kapitel erfahren Sie insbesondere, wie Sie Ihren Typ stärker mit anderen Typen in Verbindung bringen können und wie dies zu interpretieren ist.

Wie Sie bereits wissen, ist jeder Persönlichkeitstyp im Enneagramm mit zwei Linien verbunden, die zu zwei anderen Persönlichkeitstypen führen. Die erste Linie beschreibt die Richtung einer Entwicklung. Damit ist die Entwicklung gemeint, die ein Mensch innerhalb eines Grundtyps durchlebt, wenn er sich gut entwickelt und über sich hinauswächst. Wie Sie sich sicherlich schon denken, beschreibt die andere Linie die Kehrseite. Wenn sich ein Mensch nicht gut entwickelt, in einer Krise oder in Stress festsitzt, dann kann er seine Persönlichkeit nicht weiterentwickeln. Im ersten Moment wird Ihnen nicht ganz klar sein, welche Linie welche ist. Wichtig ist an dieser Stelle nur, zu verstehen, dass jeder Persönlichkeitstyp eine „optimale“ Seite für einen anderen Persönlichkeitstyp bereithält und dass ebenso jeweils eine „schlechte“ Seite für einen anderen Persönlichkeitstyp besteht.

Daraus sollte klar werden, dass sich alle Persönlichkeitstypen ebenbürtig gegenüberstehen. Egal, welchen der Persönlichkeitstypen Sie für sich ausgemacht haben, jeder dieser Persönlichkeitstypen hat seine guten und schlechten Seiten.

Hier wird deutlich, was das Enneagramm im Vergleich zu anderen Persönlichkeitsmodellen so besonders macht. Es ist nicht ausschließend. Es bleibt nicht bei der Beschreibung Ihres Persönlichkeitstypen. Nein, Sie müssen viel eher erkennen, welche anderen Persönlichkeitstypen Einfluss auf Ihren Typ haben, welche Schwächen und Stärken damit verbunden sind und wie Sie daran arbeiten können. Die Dynamik des Modells

wird dadurch zu einem konkreten Werkzeug. Damit lernen Sie nicht nur den Ist-Zustand, sondern auch den Soll-Zustand kennen. Darin liegt das Potenzial des Enneagramms. Sie sehen damit nicht nur in die Vergangenheit oder Gegenwart, sondern Sie können sich auch einen Einblick in eine potenzielle zukünftige Entwicklung verschaffen. Es hilft nicht nur bei der Lösung partnerschaftlicher Konflikte, bei der Stressvermeidung im Beruf oder bei der eigenen Selbstwahrnehmung, Sie können damit auch Fähigkeiten für das persönliche Wachstum entwickeln, sei es für die Kompetenzen zur Teamleitung oder für die Betreuung anderer Menschen. Wer weiß, am Ende werden Sie selbst zum Enneagramm-Experten.

Durch seine Dynamik ist das Modell auch mit anderen Modellen kombinierbar. Modelle wie innere Antreiber, das Lebensrad oder positive Affirmationen lassen sich beliebig mit dem Enneagramm verbinden (Siehe Unterkapitel „Mit dem Enneagramm Persönlichkeit verändern"). Bisher haben Sie eine oft religiös-spirituelle Perspektive auf das Enneagramm erhalten. Das Enneagramm schafft jedoch auch, wie weiter oben angeführt, den Querschnitt zur Persönlichkeitspsychologie. So kommt es auch zum Einsatz bei der Transpersonalen Persönlichkeitstherapie, denn als Charaktermodell ist es hervorragend in der Charakter- oder Typenlehre einsetzbar. Einen großen Beitrag zum Einsatz in der Transpersonalen Persönlichkeitstherapie leistete der chilenische Psychiater Claudio Naranjo. Dieser hat die psychologische Perspektive der neun Punkte des Enneagramms als Denk-, Fühl, - Verhaltens- und Wahrnehmungsmuster eingebracht (Vgl. Gallen, o. J.). Sein Lehrer Oscar Ichazo hatte die neun Punkte des Enneagramms in „neun sog. (emotionale) Leidenschaften und neun (kognitive) Fixierungen" unterteilt (Gallen, o. J.). Eine weitere Unterteilung wurde mithilfe von drei Instinkttypen vorgenommen, die hier kurz aufgelistet werden:

- selbsterhaltend: Bezug zur eigenen Person
- sozial: Bezug zu einer Gruppe
- sexuell: Bezug zu einer anderen Person

Diese Instinkte braucht der Mensch, um zu überleben. Naranjo hat diese Begriffe noch weiter ausdifferenziert und damit psychotherapeutische Kenntnisse in das System des Enneagramms mit eingebracht (Vgl. Gallen, o. J.). Diese neun Persönlichkeitstypen sind nach einer psychologischen Auslegung Strategien zum Überleben. Im Kleinkindesalter werden diese entwickelt, um die Umwelt, die Reize und die Sinneswahrnehmungen einzuordnen. Es sind die Muster unseres Verhaltens, die für den Umgang mit dem Leben notwendig sind (Vgl. Naranjo, 1992).

Eine Frage wird Sie sicher beschäftigen: Ab wann sind diese Verhaltensmuster problematisch? Die Antwort wird Sie nicht überraschen. Nach psychologischem Verständnis werden diese zum Problem, wenn sie nicht mehr dynamisch sind und so ablaufen, dass Sie mit der persönlichen Weiterentwicklung nicht mehr konform gehen, im Gegenteil, wenn diese gar gegen Ihre Persönlichkeit arbeiten. Dadurch wird jede Möglichkeit für eine Veränderung gehemmt. Und auch bei der nächsten Erkenntnis werden Sie sicher wohlwollend zustimmen können. In der Mitte ihres Lebens bekommen viele Menschen eine Krise, auch bekannt als „Midlife-Crisis“. In dieser Krise wird dem Menschen bewusst, dass er unter enormen Einschränkungen gelebt hatte. Immer stärker wird von da an das Bedürfnis nach einer Weiterentwicklung (Vgl. Naranjo, 1992). Und nun kommt das Potenzial des Enneagramms ins Spiel. Es hilft dabei, ein Bewusstsein für diese sonst unbewusst und routiniert ablaufenden Prozesse zu schaffen. Bevor Sie in diese Konfliktsituation kommen, können Sie bemerken, welche Probleme tief sitzen, welcher Kummer Sie schon lange begleitet und welche Ihrer Eigenschaften Ihnen dabei helfen, diese zu überwinden. In der Psychotherapie wird mit den meisten Modellen alles, was von der Norm abweicht, oft pathologisch aufgenommen (als Krankheit ermittelt). Diese Bedenken müssen Sie beim Enneagramm nicht haben, denn es greift die Entwicklung der Persönlichkeitstypen als normale Entwicklungen innerhalb Ihrer Persönlichkeitsentwicklung auf.

Die psychologische Psychotherapeutin Marianne Gallen hat zahlreiche Konzeptpapiere zur Nutzung des Enneagramms für die Überwindung von Ängsten publiziert. Es kann beispielsweise zur Überwindung von Existenzängsten genutzt werden (Näheres dazu im Unterkapitel: Selbsterkenntnis). Sie greift zudem auf, dass das Modell auch zur Selbstreflexion des Therapeuten/der Therapeutin entscheidend sein kann. Dieser kann durch das Modell das eigene „Therapeuten-Ego“ ablegen (Vgl. Gallen, o. J.). Die Therapeuten können so Ihre eigenen Verhaltensweisen reflektieren und unbewusste, routinierte Entscheidungen verhindern. So können Sie sich mehr auf Ihr Gegenüber einlassen. Gallen benennt dies auch als „Disidentifikation“ (Gallen, o. J.).

Dieses Ego ist der Grund dafür, warum die Weiterentwicklung der Patienten gestört sein kann. Darum ist es sogar unerlässlich, dass der Therapeut einen Selbstreflexionsprozess vollzieht und sich darüber im Klaren wird, an welcher Stelle er den Prozess des Patienten behindern könnte. Damit ist das Enneagramm also auch nützlich für verfestigte Strukturen des eigenen Egos. Besonders für Menschen, die im Beruf eine Verantwortung für andere Menschen tragen, ist es sehr wichtig, diese Aspekte nicht außer Acht zu lassen (Vgl. Gallen, o. J.).

Wofür kann es im Sinne des Patienten noch eingesetzt werden? Es kann dabei helfen, Automatismen und schlechte Gewohnheiten zu erkennen. Es ist wichtig, diese zu erkennen, weil sie oftmals als Strategien des Überstehens und Weiterkommens verstanden werden. Diese hindern in Wirklichkeit jedoch das eigene beständige Wachstum, denn die wichtigste Einsicht ist die, dass Raum zum Lernen geschaffen werden muss.

Einige Experten des Enneagramms unterscheiden die sogenannte „Persönlichkeitsmaske“ von der

„Charakterfixierung“ (Vgl. Michael, 2014). Oft sind Menschen auf ihre Persönlichkeit fixiert. Sie wird als Maske beschrieben, weil sie oberflächlich ist und mit Verhaltensmustern und Gewohnheiten zusammenhängt. Dadurch wird der Blick auf den wahren inneren, tiefgreifenderen Charakter behindert. Michael beschreibt dies auch als Ansammlung verschiedener Einflüsse im Laufe des Lebens. Die Persönlichkeit ist sozusagen nur ein kleiner Teil, der von der Charakterfixierung nach außen hin sichtbar wird (Vgl. Michael, 2014). Stellen Sie sich folgende Situation vor:

Sie tragen im Sommer Ihre nagelneue Sonnenbrille. Sie sind draußen auf einer Wiese und sonnen sich. Nach einiger Zeit eilen Sie zum Bus und lassen die Sonnenbrille an. Es wird merklich dunkler. Als Sie die U-Bahn nehmen, wird das Licht grell und Sie vernehmen eine merkwürdige Farbe durch Ihre Sonnenbrille. Als Sie sie kurz hochschieben, müssen Sie wegen des grellen Lichts blinzeln. Als Sie eine Weile durch die Läden schlendern und schließlich rausgehen, sehen Sie kaum noch etwas. Es ist dunkel geworden. So beschließen Sie, die Brille abzusetzen.

Persönlichkeit ist das, was Ihnen schnell ins Auge fällt, welche Veränderungen, Verhaltensweisen oder Entscheidungen Sie beeinflussen (Vgl. Michael, 2014).

Nun fragen Sie sich, wie genau das Enneagramm damit zusammenhängt? Es hilft dabei, die Persönlichkeitsmaske und die Charakterfixierung in Einklang zu bringen. Eigentlich gehen diese nach Michael sogar „nahtlos" ineinander über (Vgl. Michael, 2014).

Es gibt beim Enneagramm eine Falle, in die Sie nicht tappen sollten. Achten Sie auch bei einem Psychotherapeuten oder einem/r Trainer/in darauf, dass dies nicht der Fall ist. Es geht um die Nutzung von Schubladendenken. Das Enneagramm ist nicht ausschließend. Es gibt keinen schlechten oder guten Typen. Wie Sie bereits wissen, ist auch kein Mensch nur dem einen oder dem anderen Typ behaftet. Zudem kann es auch zwei vollständig unterschiedliche Typen geben, die sich jedoch äußerlich gesehen ziemlich gleich verhalten. Das System des Enneagramms arbeitet am meisten mit dem ICH und nicht mit dem DU. Das bedeutet, dass unbedingt Sie selbst immer die Oberhand behalten sollten. Sie fühlen und spüren, was für Sie relevant ist. Von außen sollen Sie nur eine Anleitung, eine stützende Hand, eine erfahrene Meinung oder Antwort erhalten.

Sie selbst sollen jedoch die direkte Nutzung des Enneagramms vornehmen. Auch in den Gruppensitzungen ist daher immer Vorsicht geboten. Nicht die

Meinung der anderen bestimmt, wo Sie sich auf dem Enneagramm befinden. Es soll nur helfen, sich mit der Materie intensiv auseinanderzusetzen und aus der Selbsterfahrung der anderen etwas mitzunehmen und zu lernen (Vgl. Michael, 2014).

Um Ihnen einmal eine klassische Stolperfalle vorzuführen, wird Ihnen nun eine Anekdote vorgeführt:

„Stefan wurde gefragt, wie er sich in ein paar Worten selbst beschreiben würde. Also erzählte Stefan, dass er gerne für sich sei und gerne Spaziergänge durch den Wald mache. Er höre gerne Indie-Rock und lese in seiner Freizeit gerne Bücher über Sherlock Holmes. Einer der anderen Teilnehmer ruft in den Raum, dass Stefan der beobachtende Wissbegierige (Der Forscher) sei. Viele nickten einstimmig zu. Stefan zog nachdenklich die Augenbrauen hoch. Also fragte ihn die Seminarleiterin, warum ihn dieser Zuruf stutzig mache. Da erzählte Stefan, dass er gerne feiern ginge, mit seiner Freundin die Tanzfläche rocke und gerne um die Häuser ziehe. Einige Teilnehmer zeigten sichtlich verwirrte Züge. Da erklärte die Seminarleiterin, dass kein Mensch nur einen Typ darstelle. Es reiche nicht aus, nur wenige Informationen über eine Person zu erhalten und daraus bereits einen Typ ableiten zu können.

Zu vorschnelles Entscheiden bewirke eher das Gegenteil, denn dadurch konzentriere sich der Mensch wieder nur auf eine Eigenschaft und nicht auf das große Ganze. Dies ist nicht im Sinne des Enneagramms.“º

Das Enneagramm als Wegweiser zur Persönlichkeit

Um das Enneagramm noch besser zu verstehen, müssen Sie nicht nur Ihren Typen kennen, sondern auch verstehen, welchem Typ wiederum Ihr Typ entspricht. Klingt erst einmal kompliziert, ist aber in der Praxis ganz einfach. Es gibt den Herztypen, den Kopftypen und den Bauchtypen. Alle drei werden im Anschluss mit den jeweils dazugehörigen Typen vorgestellt. Auch dabei gilt, dass Sie von allen Typen etwas in sich tragen können.

Gerade diese Typen helfen auch dabei, noch besser den eigenen Typ einschätzen zu können, sowohl auf sich selbst bezogen als auch in der Beziehung zu anderen. Welchem Obertyp Sie angehören, kann Ihnen auch zeigen, wie Sie Ihre Lebensplanung und Lebensorientierung ausrichten. Jeder dieser Typen hält eine gewisse Energie bereit. Bei dem einen ist sie verstärkt vorhanden, bei dem anderen ist diese blockiert und bei einem wieder anderen ist sie umgelenkt. Gerade Menschen, deren Energie blockiert ist, stehen im Widerspruch zu sich selbst und können daher ihre Energie nicht zu ihrem Vorteil nutzen.

Oft ist diesen Menschen ihre Energie gar nicht bewusst. Es kann aber auch sein, dass sich der Typ und damit auch die Energie verändert hat. Daher fragen Sie sich, ob Sie von Ihrer Kopfenergie, Herzenergie oder auch Bauchenergie bereits Gebrauch machen, diese bisher eher als hinderlich empfunden haben oder ob Sie diese Energie überrascht, weil Sie noch nie davon gehört haben. Verstehen Sie daher auch diese Unterteilung wieder als fließend und nicht als statisch, denn je nach persönlicher Lebenslage ändert sich auch der Typ, in dem Sie sich gegebenenfalls bewegen.

Herztypen

Die Typen 2, 3 und 4 sind Herztypen. Menschen, die dieser Gruppe angehören, streben nach Verbindung und nach dem Gefühl der Nähe zu anderen Menschen. Eigenschaften, die sie in ihrem Leben prägen, sind Liebe, Ehrlichkeit und wirkliche tiefe Verbundenheit.

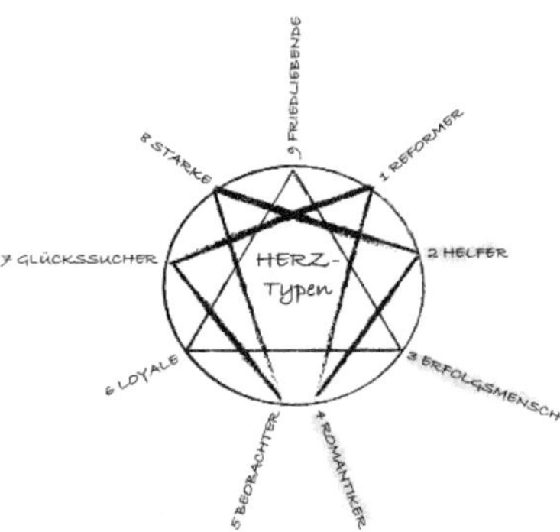

Die Schattenseiten sind Eigenschaften wie falscher Stolz, der Hang zum Aufsteigen und Prestige. Weil alle diese Typen darauf achten, wie sie auf andere wirken, benennt Dr. Olschewski diese auch als „Image-Typen“ (Vgl. Olschewski, o. J.). Diesem Typ wird gerne die Farbe Grün zugewiesen. Wie sich diese drei Typen unterscheiden? Ihre Energie ist unterschiedlich verteilt.

- Die Herzenergie ist *verstärkt* bei Typ 2, dem umsorgenden Weggefährten (Der Helfer).
- Die Herzenergie ist *blockiert* bei Typ 3, dem allseits Strebsamen (Der Leistungsmensch).
- Die Herzenergie ist *umgelenkt* bei Typ 4, dem selbstfühlenden Einzigartigen (Der Individualist).

Kopftypen

Die Typen 5, 6 und 7 sind Kopftypen. Menschen, die dieser Gruppe angehören, streben nach einem gesicherten und routinierten Leben. Sicherheit und die Eigenschaft, offen zu sein, sind ihnen wichtig.

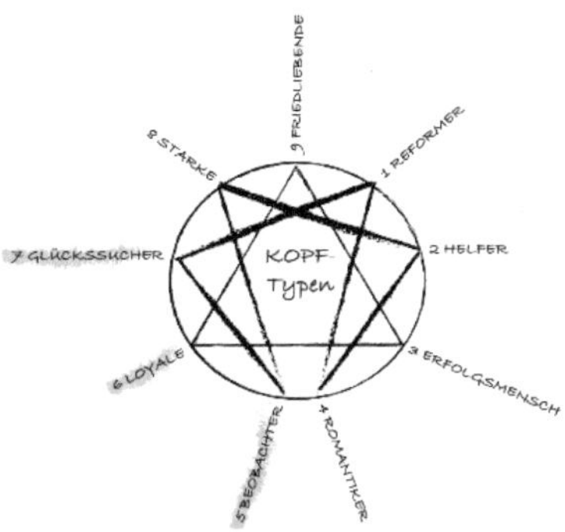

Die Schattenseiten sind Angst, Selbstisolation und der Rückzug aus dem Leben. Olschewski bezeichnet diese auch als „Angst-Typen" (Vgl. Olschewski, o. J.). Aufgrund ihrer rationalen und unterkühlten Art wird diesen Menschen die Farbe Blau zugewiesen. Auch bei diesen drei Typen ist die Energie unterschiedlich verteilt.

- Die Kopfenergie ist *verstärkt* bei Typ 5, dem beobachtenden Wissbegierigen (Der Beobachter).
- Die Kopfenergie ist *blockiert* bei Typ 6, dem instinktiven Gerechtigkeitsliebhaber (Der Loyale).
- Die Kopfenergie ist *umgelenkt* bei Typ 7, dem unstillbaren Vergnügungssuchenden (Der Enthusiast).

Bauchtypen

Die Typen 1, 8 und 9 sind Bauchtypen. Menschen, die dieser Gruppe angehören, mögen es, sich von anderen abzugrenzen und über sich selbst zu bestimmen. Ihr oberstes Ziel ist es, Autonomie über sich selbst zu besitzen. Sie übernehmen daher gerne Verantwortung, kümmern sich um andere und bringen im Alltag viel Geduld und Verständnis auf.

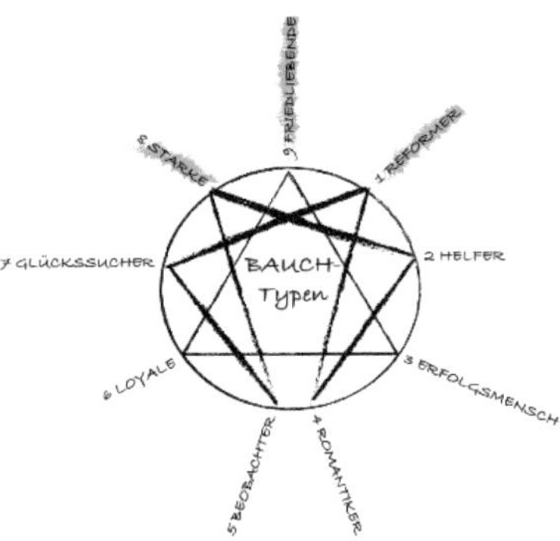

Ihre Schattenseiten sind das Festhalten an Macht, die Abkapselung von anderen und die Selbstkritik sowie die Kritik am anderen. Olschewski bezeichnet diese Typen daher auch als „Zorn-Typen“ (Vgl. Olschewski, o. J.). Aufgrund Ihrer passiv aggressiven Art wird diesen Typen die Farbe Rot zugeordnet.

Und auch diese Typen werden jeweils nach ihrer Energieausprägung unterschieden.

- Die Bauchenergie ist *verstärkt* bei Typ 8, dem entschlossenen Selbstbestimmer (Der Herausfordernde).
- Die Bauchenergie ist *blockiert* bei Typ 9, dem harmoniestiftenden Konfliktvermeider (Der Friedliebende).
- Die Bauchenergie ist *umgelenkt* bei Typ 1, dem kontinuierlichen Umgestalter (Reformer).

Nun noch einmal kurz zusammengefasst: *Herzenergie* hat mit den Gefühlen und dem Fühlen um sich herum zu tun, *Kopfenergie* hat mit der Art, zu denken, und mit der Orientierung innerhalb des Lebens zu tun und *Bauchenergie* hat etwas mit dem Handeln zu tun.

Mit dem Enneagramm die Persönlichkeit verändern

In diesem Kapitel lernen Sie einige Methoden kennen, die Ihnen helfen, Ihre Verhaltensmuster und Angewohnheiten zu verstehen, Verhaltensmuster, die Sie Ihr Leben lang schon prägen. Nur wenn Sie diese verstehen, können Sie langfristig auch an Ängsten oder schlechten Angewohnheiten arbeiten.

Mit dem Enneagramm lassen sich auch andere Methoden der Persönlichkeitsreflexion verbinden, beispielsweise die in der Transaktionsanalyse beschriebenen Inneren Antreiber.

Innere Antreiber sind Sätze, die Sie im Laufe Ihrer Kindheit oft zu hören bekommen und erfahren haben, besonders häufig in Konfliktsituationen oder in Momenten der Überforderung. Darin enthalten sind bestimmte Grunderwartungen, die Sie niemals immer erfüllen werden können. Hier ein Link zum Selbsttest:

http://www.lerncoaching-berlin.com/antreibertest.html.

An dieser Stelle führe ich einige Beispiele für Innere Antreiber auf:

- „Streng dich mehr an“
- „Mach das schneller“
- „Sei stark“ oder „Beiß die Zähne zusammen“
- „Stell dich nicht so an“
- „Sei lieb“
- „Sei still“

Erkennen Sie einen der Antreiber wieder? Die Liste ist endlos. Vielleicht fällt Ihnen ja gar ein Antreiber ein, der hier vergessen wurde und den Sie bis heute mit sich herumtragen.

Ein weiteres Modell, das gerne in Workshops zur Persönlichkeitsentwicklung hinzugezogen wird, ist das Lebensrad. Es besteht, wie auch das Enneagramm, im Grundriss aus einem Kreis. Sie können sich vorstellen, dass dieser Kreis verschiedene Kuchenstücke beinhaltet. Jedes davon steht für einen Lebensbereich. Das Lebensrad hilft dabei, eine kurze Bestandsaufnahme Ihres Lebens zu machen (Maschlanka, o. J.):

◦ **Beruf:** Sind Sie mit Ihrer Berufswahl zufrieden? Gehen Sie darin auf? Erleben Sie eine angenehme Arbeitsatmosphäre? Gibt es eine ausgeglichene Work-Life-Balance?

◦ **Finanzen:** Sind Sie zufrieden mit Ihrer finanziellen Situation? Verfügen Sie über Reserven, die Ihnen das Gefühl von Sicherheit geben? Sind Sie finanziell stark eingebunden oder abhängig von anderen?

◦ **Beziehungen:** Sind Sie mit den Beziehungen zu anderen Menschen zufrieden? Haben Sie Konflikte mit Ihrem/r Partner/in? Gehen Sie in den Beziehungen zu Ihrer Familie auf?

◦ **Gesundheit:** Tun Sie genug für Ihre Gesundheit? Kurieren Sie sich aus? Leiden Sie an einer Krankheit oder sind Sie schnell anfällig dafür (z. B. stressbedingt)?

◦ **Freizeit:** Gehen Sie in Ihrer freien Zeit einer Leidenschaft/einem Hobby nach? Tun Sie dies ganz allein für sich? Genießen Sie Ihre freie Zeit?

◦ **Persönliches Wachstum:** Haben Sie das Gefühl, sich persönlich weiterzuentwickeln? Sind Sie über sich hinausgewachsen? Haben Sie Ängste oder Sorgen überwunden? Konnten Sie alte Angewohnheiten ablegen?

Sie bewerten auf einer Skala von 1 bis 10 diese sechs Bereiche. Je höher die Punktzahl, desto besser ist der Lebensbereich aufgestellt. Sie können das Lebensrad und die Antreiber nutzen, um noch mehr über Ihren momentanen Zustand und Ihren Persönlichkeitstypen zu erfahren. Sie können gut als Hilfsinstrumente dienen, um einleitend auf das Enneagramm vorzubereiten.

Nun hatten Sie in zwei Methoden der Bestandsaufnahme eine Einsicht. Für ein besseres Selbstempfinden und die Entwicklung einer positiven inneren Grundhaltung sind Affirmationen bestens geeignet. Doch was genau ist eine Affirmation? Der Coach und Autor Ralf Senftleben liefert in dem von ihm mitinitiierten Online-Magazin „Zeitzuleben“ dafür eine prägnante und einfache Definition:

„Eine Affirmation ist ein selbstbejahender Satz, den wir uns selbst wieder und wieder sagen, um unsere Gedanken umzuprogrammieren.“ (Senftleben, o. J.).

Dabei ist zu beachten, dass die Affirmation keine Verneinung beinhalten darf, da damit bereits eine negative Konnotation hergestellt wird. Sie sollten nicht aufschreiben, was Sie vermeiden möchten. Es ist vielmehr wichtig, zu schreiben, dass Sie an sich selbst glauben und welche Ziele Sie erreichen werden. Es geht dabei nicht um direkte Aussagesätze. Sie wollen ja vermeiden, dass Sie an dem Satz zweifeln. Umschreiben Sie, was Sie sich für sich wünschen und fühlen. Hier ein kleines Beispiel für eine gute Affirmation:

„Ich genieße es, jeden Tag einen kleinen Spaziergang zu machen und meine Gedanken dabei treiben zu lassen. Ich erlaube mir, auf mich selbst zu achten. Ich lerne dabei, immer mehr und mehr bei mir selbst zu sein. Das Rauschen der Blätter und die frische Brise tun meinem Wohlbefinden gut. So komme ich nach und nach zur Ruhe und zur inneren Ausgeglichenheit. Ich freue mich darauf, diese Ruhe als Inspirationsquelle nutzen zu können. Aus ihr schöpfe ich Kraft.“

Wie finden Sie diese Affirmation? Das Beispiel zeigt Ihnen auf, worauf es genau ankommt. Sie lassen Ihrem inneren „Zweifler“ keinen Raum und besinnen sich auf Ihre Wünsche und auf Ihre innersten Bedürfnisse. Dann beschreiben Sie für sich selbst, was die Erfüllung dieser bei Ihnen bewirken kann. Je mehr Sie sich darauf einlassen und je öfter Sie sich die Affirmation durchlesen, desto mehr werden Sie daran glauben und eine positive Grundhaltung entwickeln.

Ziele entwickeln

Sie fragen sich nun sicher, welche Ziele Sie erreichen können. Welche Ziele können Sie sich setzen, um für Ihren Typ eine positive Veränderung herbeizuführen? Für jeden Persönlichkeitstyp gibt es Eigenschaften, an denen gearbeitet werden muss oder die erreicht werden müssen, um langfristig als Person wachsen zu können. Hier finden Sie Anmerkungen zu jedem Persönlichkeitstyp:

Typ 1: Der kontinuierliche Umgestalter (Reformer)

Sie sollten die Erfahrung von Liebe und Güte machen. Sie müssen sich im Klaren darüber sein, was bei Ihnen Wut auslöst. So können Sie Ihre indirekte Aggressivität loswerden. Finden Sie ein Ventil für Ihre Frustration. Zudem sollten Sie lernen, Kritik anzunehmen und den Umgang damit in den Fokus zu rücken. So wird es auch möglich sein, zu erkennen, woran es Ihnen im zwischenmenschlichen Umgang fehlt. Sie müssen auch lernen, loszulassen und nicht zwanghaft an einer Beziehung festzuhalten. Geduld ist eine Tugend, die Sie in Ihrem Leben erlernen sollten.

Dafür ist es entscheidend, zu verstehen, woher Ihre innere Rastlosigkeit herrührt. Die Rastlosigkeit geht auch mit Ihrer Schwäche einher, dass Sie zu viel über die Dinge nachdenken. Daher sollten Sie, was Ihre Verantwortung und Ihre Aufgaben in Bezug auf andere angeht, etwas kürzertreten. Versuchen Sie, Spaß an Ihrem Leben zu finden und einfach einmal auf andere Gedanken zu kommen. Gönnen Sie sich auch einmal einen Moment der Ruhe.

Typ 2: Der umsorgende Weggefährte (Der Helfer)

Sie müssen lernen, auf Ihr Bauchgefühl zu hören. Dies bezieht sich vor allem auf Ihre Wünsche und Bedürfnisse. Planen Sie Ihr Leben nicht um andere herum. Lernen Sie, Ihr eigenes Leben mehr wahrzunehmen. Stellen Sie sich die Frage, warum Sie eine so große Angst davor verspüren, nicht geliebt zu werden. Vor allem sollten Sie lernen, allein sein zu können.

Seien Sie daher gut zu sich selbst. Sie dürfen Ihre guten Seiten auch einmal herausstellen und Sie sollten nicht allzu schnell klein beigeben. Sie müssen lernen, wann Menschen von Ihnen nur verlangen und erwarten. Setzen Sie sich mit einer gesunden und starken Beziehung auseinander. Was versprechen Sie sich davon?

Typ 3: Der allseits Strebsame (Der Leistungsmensch)

Um langfristig etwas an Ihren Lebensumständen ändern zu können, müssen Sie vor allem lernen, den Druck Ihres Erfolgs wahrzunehmen. Ist das Ziel diesen Druck wert? Daher sollten Sie sich fragen, was Sie erfüllt. Was macht Sie wirklich glücklich? Sie sollten ausprobieren, was Sie schon immer ausprobieren wollten. Finden Sie mehr zu sich selbst, aber verbleiben Sie dabei nicht zu stark bei Ihrem Ego.

Eine gesunde Balance ist wichtig. Also lassen Sie sich auf Ihr Umfeld ein und nehmen Sie wahr, wer Ihnen nahesteht. Begeben Sie sich nicht immer in eine Konkurrenzsituation, um das Aus von Beziehungen zu vermeiden. Was stimmt für Sie und was nicht? Erarbeiten Sie sich Ihre eigene Wertvorstellung.

Typ 4: Der selbstfühlende Einzigartige (Der Individualist)

Lieben Sie sich selbst! Nehmen Sie Ihre Fehler an und gehen Sie nicht zu hart mit sich selbst ins Gericht. Lehnen Sie sich selbst nicht ab, denn Sie sind das Zentrum Ihres Lebens. Lernen Sie, Verlorenes zurückzulassen und den Verlust zu akzeptieren. Frustration sollten Sie abarbeiten. Versuchen Sie, Ihre stetige Selbstisolation zu verhindern. Die Schaffung von Konflikten in der Beziehung sollten Sie meiden. Sie sollten sich Ihres eigenen Platzes in der Welt bewusst sein. Diese Präsenz sollten Sie auch im aktiven Leben nutzen. Seien Sie mehr im Hier und Jetzt. Denken Sie darüber nach, was Sie so besonders macht.

Denken Sie einmal darüber nach, welche Stärken Ihre Persönlichkeit formen. Wenn Sie einmal daran glauben, werden sich Ihre Talente und Fähigkeiten stetig verbessern können. Positive Gefühle werden Ihrem Leben eine andere Richtung geben. So werden Sie ein gesünderes Leben führen können.

Typ 5: Der beobachtende Wissbegierige (Der Forscher)

Trauen Sie sich, zu lieben. Gehen Sie mehr auf andere zu, aber stärken Sie auch die Beziehung zu sich selbst. Sie müssen lernen, zu verstehen, wie Ihre innere Realität mit Ihrer Lebensrealität zusammenhängt. Als Kopftyp sollten Sie versuchen, andere Möglichkeiten im Leben zu finden als jene, die Ihr Verstand für Sie bereithält. Leben Sie in der Gegenwart, im Hier und Jetzt. Daher müssen Sie auf Ihr Bauchgefühl hören.

Welche Beziehungen tun Ihnen gut? Suchen Sie die Nähe zu geliebten Menschen. Es wird Ihnen guttun, Ziele zu suchen, die Sie auch erfüllen können und vor allem erfüllen wollen. Stellen Sie nicht Ihr gesamtes Leben in Frage. Es macht Sie nur zynisch und lenkt Sie auch zu sehr von dem Spaß und dem Genuss des Lebens ab. Es ist in Ordnung, Ihre Schutzzonen aufrechtzuerhalten, planen Sie jedoch nicht Ihr Leben um diese herum. Weniger Kontrolle wird Ihnen nicht schaden. Spontanität ist von nun an Ihr Stichwort! Stürzen Sie sich ins Leben und entdecken Sie, was Ihnen so lange entgangen war.

Typ 6: Der instinktive Gerechtigkeitsliebhaber (Der Loyale)

Wenn Sie eines an sich optimieren sollten, dann ist es die Selbsteinkehr. Sie müssen Ihren Weg auch wirklich für sich gehen. Dafür müssen Sie sich die Frage stellen, was Ihnen wichtig ist. Welche Prioritäten haben Sie im Leben? Vor allem Ihre Möglichkeiten könnten Ihnen zum Teil verborgen geblieben sein. Sie sollten Ihre Angst nicht verleugnen. Nehmen Sie sie wahr und fragen Sie sich, was Sie für eine Angstbewältigung benötigen. Vor allem steht Ihnen dabei Ihr innerer Zweifler im Weg. Finden Sie daher Vertrauen zu sich und dem Leben. Sie sind nicht verantwortlich für alle Ungerechtigkeiten des Lebens. Es gibt Dinge, die Ihnen zeigen, dass Ihr Engagement und Ihre Einsatzbereitschaft nicht umsonst sind, gleichzeitig aber auch, dass Sie dahingehend einen Gang herunterschalten müssen. Die Wut und die Aggressionen gegen sich selbst müssen Sie verringern, denn nur so nehmen Sie auch die guten Dinge an sich wahr. Die Meinungen der anderen sind nicht immer das, was zählt. Seien Sie für konstruktive Kritik offen, aber lassen Sie es nicht zu, dass Ihr Selbst dadurch zerstört wird. Direkte Vorgesetzte oder andere Autoritäten wollen Ihnen nicht immer gleich etwas Böses, seien Sie sich dessen bewusst. Sie müssen nicht für alles die Verantwortung tragen. Legen Sie einige Lasten ab.

Typ 7: Der unstillbare Vergnügungssuchende (Der Enthusiast)

Sie müssen auch einmal zur Ruhe kommen. Verharren Sie einmal im Moment und genießen Sie die Ruhe. Sie müssen nicht immer gegen Ihren Schmerz ankämpfen. Lassen Sie los und lernen Sie, was Sie so auf Trab hält. Suchen Sie Halt in Vertrautem.

Lust wird nicht geringer, nur weil Sie einmal darauf verzichten und nicht jede Gelegenheit dafür auskosten. Sie erkennen dann, dass Sie dadurch immer nur im Sprintlauf leben. Fragen Sie sich selbst, ob Sie das wollen. Ist es das wert, immer auf der Suche nach einem neuen Abenteuer, nach einer neuen Geschichte zu sein? Manchmal müssen Sie erkennen, wann es genug ist. Überfülle und Übermaß tun Ihnen nicht gut. Sie verlernen dadurch, die Dinge um Sie herum zu schätzen. Nutzen Sie vergangene Situationen, um zu verstehen, was Ihnen fehlt oder welche wertvollen Erfahrungen Sie durch diese gemacht haben.

Machen Sie einen Selbsttest. Was kränkt Sie schnell? Wodurch haben Sie gelernt, sich mehr Zeit für sich selbst zu nehmen? Wann halten Sie einmal inne?

Typ 8: Der entschlossene Selbstbestimmer (Der Herausfordernde)

Ihre weichen und schmerzhaften Seiten sollten Sie schätzen lernen, denn auch diese Seiten helfen Ihnen im täglichen Leben ab und an weiter. Vor allem müssen Sie sich darüber im Klaren sein, was Sie immer wieder dazu antreibt, über andere bestimmen zu wollen. Es wird Ihnen klar werden, dass Sie dadurch oft in Konfliktsituationen geraten. Sie sind damit nicht nur ungerecht zu anderen, sondern auch zu sich selbst. Sie werden merken, dass die Menschen in Ihrem Lebensumfeld von Ihnen etwas distanziert sind.

Fokussieren Sie sich weniger auf Macht und zwanghafte Selbstbestimmungstendenzen und konzentrieren Sie sich vielmehr auf Ihre Probleme und sprechen Sie sie laut aus. Mehr Liebe und Wärme in Ihrem Leben werden Ihnen dabei helfen. Vertrauen Sie sich einem geliebten Menschen an und sprechen Sie darüber, wie Sie Ihre Situation verändern wollen.

Typ 9: Der harmoniestiftende Konfliktvermeider (Der Friedliebende)

Wenn Sie eines tun sollten, dann ist es, Ihre Fähigkeit zu trainieren, Konflikte in einem angemessenen Rahmen zu führen. Dafür müssen Sie Ihren inneren Antrieb, Ihre innere Motivation, reaktivieren und stärken. Übernehmen Sie in Ihrer Lebenssituation Verantwortung. Sie werden merken, wo Sie zu Aggressionen und Passivität neigen. Werte wie Wertschätzung und Achtung werden Ihnen helfen, Ihre persönlichen Lebensaufgaben für sich stärker herauszustellen. Wenden Sie sich dem Leben mehr zu und verhindern Sie, Ihren Angewohnheiten wieder ausgesetzt zu sein und die Welt als einen trostlosen Ort wahrzunehmen.

Sie glauben selbst nicht daran, aber Sie können gut in der Gemeinschaft leben. Sie brauchen keine Nebenbeschäftigungen mehr, nichts, womit Sie Ihre Ängste überspielen. Ihre Stärke wird gedeihen, sobald Sie sich in Gesellschaft wohler fühlen.

Analyse mit dem Enneagramm

Nun können Sie einen Test machen, der Ihnen hilft, Ihren Typ zu finden. Bedenken Sie dabei, dass Sie Ausprägungen verschiedener Typen aufweisen können. Daher ist es empfehlenswert, erst einmal alle Eigenschaften anzukreuzen, die auf Sie zutreffen und alle durchzugehen, auch wenn nach fünf Beschreibungen schon die Auflösung des Typs kommt. Also nehmen Sie sich einen Bleistift zur Hand und legen Sie los. Am Ende erhalten Sie in einer Tabelle noch einmal einen Überblick über die bereits vorgestellten Typen, die Stärken und

Schwächen und sie können ablesen, ob Sie ein Herz-, Kopf- oder Bauchtyp sind.

Wichtig ist auch, zu wissen, dass es keinen guten oder schlechten Typen gibt. Jeder Typ hat seine Vor- und Nachteile und jeder Mensch hat eine andere Motivation/einen anderen Antrieb im Leben.

Testphase: Persönlichkeits-prüfung nach dem Prinzip des Enneagramms

Block 1: Als Person bin ich hauptsächlich von meiner Angst und dem Verlangen nach Sicherheit bestimmt.

Damit in Verbindung steht:

◦ Ich glaube nicht daran, dass ich es verdient habe, von anderen akzeptiert und angenommen zu werden.

◦ Ich stelle mir oft die Frage, ob ich gut genug für andere bin.

◦ Wenn sich eine mir wichtige Person mir gegenüber komisch verhält, glaube ich, dass es mit mir zu tun hat.

◦ Ich neige schnell zu Nervosität und Unruhe.

◦ Meine Laune schlägt schnell um. Oft drückt sich das in Gereiztheit oder in Schwankungen meines Gemütszustandes aus.

Stimmen Sie diesen Punkten zu? / Stimmen Sie nicht zu?

Wenn die genannten Eigenschaften zutreffen, sind Sie **Typ 6**. 30 % aller Menschen haben einen leichten Typ 6 in sich.

Block 2: Das Wichtigste im Leben ist für mich, anderen zu helfen und für sie da zu sein.

Damit in Verbindung steht:

◦ Ich kann nur glücklich sein, wenn meine liebsten Menschen es auch sind.

◦ Ich will niemanden weh tun oder Ihn jemals verletzen.

◦ Ich bin die Person, die bei Diskussionen nachgibt, um einen Streit zu vermeiden, oder ich lasse die Diskussionen ganz sein.

◦ Ich helfe meinem Gegenüber auch dann, wenn ich weiß, dass ich dadurch einen Nachteil habe.
◦ Ich beachte immer zuerst die Interessen anderer und dann kommen meine Interessen.

Stimmen Sie diesen Punkten zu? / Stimmen Sie nicht zu?
Wenn die genannten Eigenschaften zutreffen, sind Sie **Typ 2**. 50 % aller Menschen haben den Typ 2 in sich.

Block 3: In mir besteht das starke Verlangen danach, die Dinge in einer Perfektion auszuführen.
Damit in Verbindung steht:
◦ Ich plane sehr gewissenhaft und alles muss bestens geordnet sein.
◦ Ich mag es gar nicht gern, wenn andere sich nicht an einen besprochenen Plan halten und ich alles umdisponieren muss.
◦ Ich fokussiere mich immer auf mein Ziel und arbeite hart daran.
◦ Ich arbeite weiter, auch wenn mich viele Ablenkungen umgeben.
◦ Ich setze immer durch, was ich mir vorgenommen habe. Die Dauer der Erarbeitung schreckt mich nicht ab.

Stimmen Sie diesen Punkten zu? / Stimmen Sie nicht zu?

Wenn die genannten Eigenschaften zutreffen, sind Sie **Typ 1**. 20-30 % aller Menschen haben den Typ 1 in sich.

Block 4: Ich konzentriere mich gerne auf geistige Tätigkeiten und fühle mich zu Dingen hingezogen, die nicht konventionell sind.

Damit in Verbindung steht:

◦ Ich beschäftige mich mental gerne mit Rätseln und Gedankenspielen.

◦ Ich setze mich gerne mit Kreativem und Ungewöhnlichem auseinander.

◦ Ich bin immer für ein neues Abenteuer zu haben und für andere Perspektiven offen.

◦ Ich liebe und lebe meine Ideen und meine Fantasie in vollem Umfang.

Stimmen Sie diesen Punkten zu? / Stimmen Sie nicht zu?

Wenn die genannten Eigenschaften zutreffen, dann sind Sie **Typ 4**, 10-15 % aller Menschen haben den Typ 4 in sich.

Block 5: Ich konzentriere mich gerne auf anspruchsvolle geistige Aufgaben und ziehe mich gerne in mich selbst zurück.

Damit in Verbindung steht:

◦ Ich neige dazu, andere manchmal vor den Kopf zu stoßen.

◦ Ich bemerke schnell, wenn andere Fehler machen oder etwas nicht verstehen.

◦ Ich bin bei Konflikten sehr strikt und sage, was ich denke.

◦ Ich bevorzuge es, allein zu sein und wenig mit anderen Leuten in Kontakt zu kommen.

Stimmen Sie diesen Punkten zu? / Stimmen Sie nicht zu?

Wenn diese genannten Eigenschaften zutreffen, sind Sie **Typ 5.** Diesem Typen entsprechen nur sehr wenige Menschen, da sich dieser Typ aus zwei Persönlichkeitseigenschaften zusammensetzt: Introvertiertheit und eine geringe Verträglichkeit anderer Menschen.

Block 6: Ich bemerke schnell, wie sich andere in meiner Umgebung fühlen und kann mich gut auf diese einstellen, bleibe jedoch die meiste Zeit lieber für mich.

Damit in Verbindung steht:

◦ Ich bin die meiste Zeit rücksichtsvoll anderen gegenüber.

◦ Ich merke schnell, wann andere meine Unterstützung brauchen.

◦ Ich gebe bei Konflikten schnell nach.

◦ Ich muss nicht immer von Menschen umgeben sein, genieße es aber hin und wieder dennoch.

Stimmen Sie diesen Punkten zu? / Stimmen Sie nicht zu?

Wenn die genannten Eigenschaften zutreffen, dann sind Sie **Typ 9**. Der Typ 9 ist sehr selten, da drei Eigenschaften gleichzeitig auftreten müssen: Der Typ 9 ist manchmal antriebslos, sanftmütig und introvertiert.

Block 7: Für mich hat mein Status einen sehr hohen Rang und ich tue alles dafür, meine Ziele zu verwirklichen.

Damit in Verbindung steht:

◦ Ich lasse andere hören, was sie wollen, damit ich meine Interessen durchgesetzt bekomme.

◦ Ich neige manchmal dazu, zu schummeln, um meinen Vorteil zu erwirken.

◦ Ich möchte eine bessere Machtposition haben als andere.

◦ Ich sehe kein Problem darin, meine Erfolge zu nennen.

◦ Ich glaube daran, besser zu sein als andere.

Stimmen Sie diesen Punkten zu? / Stimmen Sie nicht zu?

Wenn die genannten Eigenschaften zutreffen, dann sind Sie **Typ 8**. Typ 8 ist äußerst selten, nur ca. 1 % der Menschen sind diesem Typen zugehörig. Sie müssen extrovertiert, unnachgiebig und zielstrebig sein und es mit Ehrlichkeit und Bescheidenheit nicht so genau nehmen.

Block 8: Ich bin gerne spontan und nehme das Leben so, wie es kommt.

Damit in Verbindung steht:

◦ Ich lasse alles gerne auf mich zukommen, auch Unvorhergesehenes.

◦ Ich würde mich nicht als diszipliniert beschreiben.

◦ Ich beginne gerne mit Neuem.

◦ Ich entspanne gerne und faulenze.

Stimmen Sie diesen Punkten zu? / Stimmen Sie nicht zu?

Wenn die genannten Eigenschaften zutreffen, dann sind Sie **Typ 7.** Dieser Typ trifft auf 5-10 % der Menschen zu. Menschen dieses Typs haben einen starken Drang nach Glück und leben im Hier und Jetzt.

Block 9: Für mich hat mein Status einen sehr hohen Rang und ich tue alles dafür, meine Ziele zu verwirklichen.

Damit in Verbindung steht:

◦ Ich lasse andere hören, was sie wollen, damit ich meine Interessen durchgesetzt bekomme.

◦ Ich neige manchmal dazu, zu schummeln, um meinen Vorteil zu erwirken.

◦ Ich möchte eine bessere Machtposition haben als andere.

◦ Ich sehe kein Problem darin, meine Erfolge zu nennen.

◦ Ich glaube daran, besser zu sein als andere.

Stimmen Sie diesen Punkten zu? / Stimmen Sie nicht zu?

An dieser Stelle eine kurze Anmerkung. Es ist kein Fehler unterlaufen, denn auch Typ 3 wird von diesen Eigenschaften bestimmt. Der Unterschied zu Typ 8 besteht darin, dass Typ 3 nicht zur Unehrlichkeit neigt. Typ 3 nimmt jeden Weg, der überhaupt verfügbar ist, nimmt jedoch nicht alles dafür in Kauf. Erfolg ist dem Typ 3 das oberste Gut. Daher ist dieser Typus derart selten, dass man ihn nicht einmal prozentual angeben kann.

Bauchtyp

Typ 8 **Stärken:** Klar und stark; ehrlich; in der Lage, Schlüsselthemen zu identifizieren; organisatorisch und politisch versiert
Entwicklungsgebiete: Übermäßig direkt und direktiv, ungeduldig, übermütig oder unbesiegbar

Typ 9 **Stärken:** Zugänglich, nicht wertend, ruhig und entspannt, Akzeptanz mehrerer Perspektiven, ausgezeichnete Hörfähigkeiten
Entwicklungsgebiete: Langsames zwischenmenschliches Tempo, indirekt, gibt nur ungern Meinungen ab, langsam handelnd

Typ 1 **Stärken:** Klar, verantwortlich, anspruchsvoll, praktisch, der lebenslangen Selbstverbesserung verpflichtet
Entwicklungsgebiete: Kritisch und wertend, ungeduldig, übermäßig richtlinienrorientiert

Herztyp

Typ 2	**Stärken:** Empathischer Zuhörer, psychologisch versiert, allseits zur Verfügung stehend, bieten nützliche Ratschläge und Ressourcen an **Entwicklungsgebiete:** Überbeteiligt; zu beziehungsorientiert; schaffen Abhängigkeit; zögern, negatives Feedback zu geben
Typ 3	**Stärken:** Pragmatisch, ergebnisorientiert, organisatorisch versiert, starke zwischenmenschliche Fähigkeiten, selbstbewusst **Entwicklungsgebiete:** Unaufmerksam gegenüber Gefühlen; frustriert gegenüber Kunden, die es nicht schnell „kapieren"; will nichts von seinem echten Selbst teilen
Typ 4	**Stärken:** Sinn verstehen können, empathisch, mitfühlend, geduldig mit schwer umzugehenden Problemen, neuartige und kreative Wahrnehmungen **Entwicklungsgebiete:** Überbetonung von Gefühlen, übermäßiger Gebrauch von persönlichen Geschichten, Überpersonalisierung von Themen

Kopftyp

Typ 5 **Stärken:** Objektiv, ruhig, analytisch, denkt systematisch
Entwicklungsgebiete:
erscheint unnahbar, abgetrennt von der Welt oder nicht verfügbar, Überbetonung kognitiver Aufgaben gegenüber Emotionen

Typ 6 **Stärken:** Aufschlussreich, wahrheitsgemäß, zuverlässig, vorausschauend und gründlich planend
Entwicklungsgebiete:
Erscheint ansteckend ängstlich, vermittelt eine eher negative als positive Einstellung, plant übermäßig

Typ 7 **Stärken:** Begeistert, kreativ, interessiert an anderen, optimistisch
Entwicklungsgebiete:
Unkonzentriert; unaufmerksam; redet mehr, als zuzuhören; bietet zu viele Ideen oder Vorschläge an

Enneagramm und die Theorie der Big-Five

In diesem Kapitel erfahren Sie, wie eines der bekanntesten und meistgenutzten Persönlichkeitsmodelle mit dem Enneagramm zusammen hervorragend zur Selbst- und Fremdeinschätzung genutzt werden kann.

Wenn Ihnen die Theorie der Big Five nichts sagt, dann werden Sie an dieser Stelle erfahren, was es damit auf sich hat. Es ist mittlerweile eines der bekanntesten Modelle innerhalb der Persönlichkeitspsychologie und lässt sich gut mit dem Enneagramm in Verbindung bringen. Hier werden erst einmal die fünf Eigenschaften des Big Five-Konzeptes vorgestellt.

1. *Extraversion*

Die Suche nach aufregenden Erlebnissen, ein vorherrschendes Verlangen nach aktiven Impulsen und die Geselligkeit und soziale Kontakte.

2. *Offen für neue Erfahrungen*

Eine inneres Bedürfnis, offen für Neuigkeiten zu sein und sich gerne mit anspruchsvollen Themen beschäftigen zu wollen.

3. *Verträglichkeit*

Der Wunsch, auf andere Rücksicht nehmen zu wollen und gute Beziehungen erhalten zu wollen.

4. *Gewissenhaft*

Verhalten, das sich durch Kontrolle, Zielsicherheit und Disziplin kennzeichnet.

5. *Neurotizismus*

Der starke Hang zu negativen Einflüssen und eine Empfindlichkeit gegenüber Emotionen und Gedanken.

Sehen Sie sich diese Eigenschaften in Bezug auf das Enneagramm an. Die Eigenschaften lassen sich auf die Typen im Enneagramm übertragen. Typ 7 kann schnell zur Extraversion neigen. Die weiter oben beschriebene Rastlosigkeit zeigt sich in dem Verlangen nach aktiven Impulsen. Gerade die Kopftypen neigen oft zu der Eigenschaft, sich gerne mit anspruchsvollen Themen beschäftigen zu wollen. Aber auch Typ 4 beschäftigt sich gerne mit neuen Wahrnehmungen. Gerade diese Typen können sich jedoch auch schnell in dem Bedürfnis danach verlieren, immer neuere und anspruchsvollere Dinge thematisieren zu wollen.

Dies hilft als Ablenkung gegen das tiefe innere Bedürfnis, sich mit sich selbst beschäftigen zu wollen. Dieses Bedürfnis wird jedoch oft von diesen Typen prokrastiniert. Ständig suchen sie sich daher neue Möglichkeiten, sich selbst abzulenken.

Herztypen neigen dazu, ihr Leben stark nach anderen auszurichten, dabei insbesondere Typ 2. Diese Verträglichkeit kann ins Extrem ausufern. Die permanente Aufopferung wird dann stetig von der Enttäuschung begleitet, nie so behandelt zu werden, wie es einem – dem eigenen Empfinden nach – zustehen würde.

Bauchtypen neigen dazu, sehr diszipliniertes Verhalten an den Tag zu legen. Dabei geht es ständig um die eigene Selbstverbesserung (Typ 1) und darum, noch bessere Resultate und Lösungen zu erzielen. Aber eigentlich zeichnet sich diese Eigenschaft über alle Typen hinweg aus. Auch Herztypen sind sehr nach vorn fokussiert und wissen genau, worauf sie in einem bestimmten Moment hinarbeiten müssen.

Kopftypen können zu Neurotizismus neigen. Sie setzen sich nicht gerne mit ihren Gefühlen auseinander. Oft haben diese auch eine pessimistischere oder auch negativere Wertehaltung und Lebenseinstellung. Der Psychologe und Begründer des Begriffes Neurotizismus, Eysenck, klassifiziert diesen Begriff als ein Hauptmerkmal einer Persönlichkeit und verbindet damit verschiedene Anzeichen der graduellen Ausprägung (Vgl. Eysenck, 1947):

- Der Hang dazu, nervös zu sein
- Oft gereizt und launisch zu sein
- Oft unsicherer und verlegener zu sein
- Von Ängsten bestimmt zu sein
- Häufige körperliche und psychosomatische Beschwerden (Übelkeit, Magenprobleme und Kopfschmerzen/Migräne)
- Häufige Traurigkeit und Tendenz zur Melancholie
- Keine Stressresistenz

- Neigung zur Sensibilität, wenn nicht gar Hypersensibilität
- Negativer emotionaler Zustand
- Permanente Unzufriedenheit

(Vgl. Eysenck, 1947).

Auch in Bezug darauf gilt, dass alle Typen eine Ausprägung davon in der eigenen Persönlichkeit tragen, manche mehr, andere wiederum weniger. All diese Eigenschaften haben gemein, dass sie ins Extrem ausschlagen können.

Das ist auch einer der Gründe dafür, weshalb Menschen in Krisen geraten. Diese Extremen führen zu einer Senkung der Lebenszufriedenheit. Ohne innere Balance, Ausgeglichenheit und Selbstreflexion würden sie sich vielleicht ständig in einem oder sogar in mehreren dieser Extreme bewegen. Sie können diese Big Five auch nutzen, um zusätzlich in sich hineinzuhorchen, wie stark Sie aus der Balance geraten sind.

Wenn Ihnen ein Enneagramm-Test allein nicht ausreicht, sind Persönlichkeitstests mit den Big Five zur ersten Orientierung auch sehr hilfreich. Dies wird Ihnen helfen, auch im Enneagramm selbst besser einzuordnen, wie Sie sich in Ihrem Typ positionieren müssen und in welchem Wechselverhältnis Sie zu den anderen Typen stehen.

Info: Big Five wird häufig auch als Persönlichkeitstest im Beruf zur Personalrekrutierung genutzt. Dafür wurde er eigens als Online-Test herausgebracht, um ihn als Methode für die Arbeitswelt nutzen zu können. Er zählt zu einem der meist genutzten Tests überhaupt. Er zeichnet sich auch durch eine sehr große Stichprobenauswahl aus, daher lassen sich seine Wirksamkeit und seine häufige Nutzung gut untersuchen und nachweisen. Besonders im deutschsprachigen Raum ist er nicht mehr wegzudenken. Insgesamt hat ein solcher Test 50 Fragen – pro genannte Eigenschaft (Extraversion, offen für neue Erfahrungen, Verträglichkeit, Gewissenhaft, Neurotizismus) 10 Fragen, also auch 10 pro Dimension. Dabei gibt es eine Skala mit vier Optionen: von nein, also „starker Ablehnung", bis hin zu ja, „starke Zustimmung". Er ist auch einfach zu verstehen, da er sich an diesen fünf hauptsächlichen Eigenschaften entlang orientiert.

Selbstanalyse & Selbsterkenntnis

In diesem Kapitel sind Sie besonders gefordert. Nehmen Sie sich Papier und Stift zur Hand, denn nun gilt es, eine aktuelle Situationsanalyse durchzuführen. Dabei werden die bereits benannten Methoden genutzt. Je mehr Sie sich darauf einlassen und ins Detail gehen, desto besser können Sie die Ergebnisse schließlich mit dem Enneagramm verbinden und zu Erkenntnissen gelangen.

Wenn Sie die Selbstanalyse durchgeführt haben, können Sie sich mehr auf Ihren Typ konzentrieren und mit der Selbstreflexion starten. Welche der Stärken und Schwächen kommen Ihnen bekannt vor?

Welche treffen überhaupt nicht auf Sie zu? Fragen Sie auch einmal nahestehende Menschen, wie diese Sie beschreiben würden. Gibt es da Überschneidungen?

Nehmen Sie sich das Lebensrad zur Hand und bewerten Sie die einzelnen Lebensfelder. Welches Lebensfeld ist für Sie besonders wichtig?

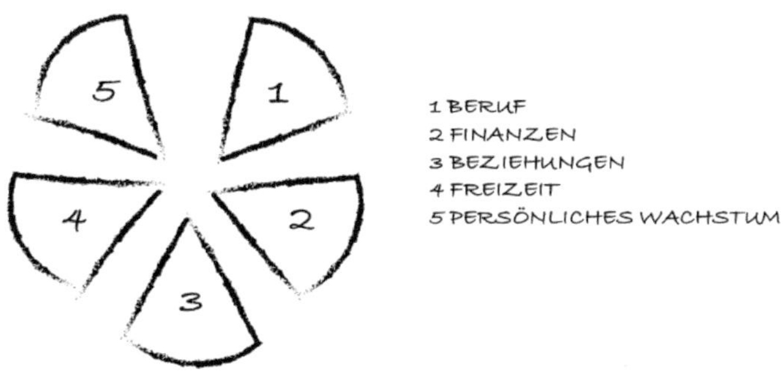

Sie werden nun, da Sie Ihren Typen kennen, auch nicht überrascht sein, wenn ein Lebensfeld für Sie eine größere Bedeutung hat als ein anderes. Für die Typen 3 und 8 ist der Beruf besonders wichtig. Gerade diese Typen neigen auch dazu, Ihre Freizeit dafür zu vernachlässigen, um den ersehnten Erfolg zu erreichen. Die Typen 2 und 4 konzentrieren sich oft auf die Beziehungen zu Ihren Mitmenschen, vergessen dabei aber Ihr persönliches Wachstum. Typ 4 kann aber auch anders und sich vor allem auf das persönliche Wachstum konzentrieren, genauso wie Typ 1.

Die Typen 5 und 6 haben meistens kein Problem mit dem Lebensfeld Finanzen. Mit ihrer vorausschauenden, systematischen Art schaffen sie es, ihre Ausgaben im Überblick zu haben und keine bösen Überraschungen aufkommen zu lassen. Typ 9 kann durch seine entspannte Art gesünder leben. Gerade die Kopftypen müssen vorsichtig sein: Übermäßiges Nachdenken kann sich auch negativ auswirken und auf die Gesundheit schlagen. Wenn Herz-Typen überhastet reagieren, wird es auch für sie auf Dauer zu anstrengend.

Daher gilt generell: Nutzen Sie Ihre Affirmation und entspannen Sie. Lesen Sie diese bis zu 15-mal laut und schließen Sie danach für einen Moment die Augen. So werden Sie zur Ruhe kommen können.

Üben Sie also an dieser Stelle auch noch einmal, eine eigene Affirmation zu schreiben. Hier noch einmal die wichtigsten Regeln im Überblick.

- Indirekte Formulierungen verwenden (ich erlaube mir, ich freue mich, ich genieße es), um den inneren Zweifler nicht zu wecken.
- Keine Verneinungen. Das bezweckt negative Konnotationen und die wollen Sie nicht.
- Nehmen Sie sich vor, etwa eine halbe Seite zu schreiben.
- Was bezweckt Ihr Wunsch?
- Was müssen Sie zur Fokussierung Ihres Ziels tun/bereithalten?

Die Affirmation wird Ihnen helfen, eine Motivation dafür herzustellen, in jenen Lebensbereichen konkrete Ziele zu formulieren, in denen Sie dringend eine Veränderung herbeiführen möchten.

Sehen Sie sich dieses Beispiel an. Typ 3 hat bemerkt, dass es ihm/ ihr immer wieder schwerfällt, mit Menschen auf einen Nenner zu kommen. Er/Sie konnte sich immer darauf verlassen, im Beruf Erfolg zu haben. Nun kommen selbst in diesem Lebensbereich Probleme auf. Die neue Teamleiterin in der

Firma findet, dass er/sie zu sehr für sich selbst arbeitet und einer guten Lösung damit im Weg steht.

Wie kann Typ 3 an sich selbst arbeiten? Wir gehen davon aus, dass Typ 3 den Test durchgeführt hat und weiß, dass er/sie zu schnell frustriert ist, wenn andere seiner/ihrer Meinung nach etwas nicht richtig gemacht haben. Typ 3 gibt daher sehr ungern Dinge aus der Hand. Typ 3 erkennt erst jetzt, dass das persönliche Wachstum nur deshalb leidet, weil er/sie nicht von anderen lernt. Die Ich-Fixierung stellt sich allmählich als hinderlich heraus. Also beschließt Typ 3, die Lebensfelder zu bewerten, und kommt zu dem Ergebnis, dass er/sie sich in keiner Balance befindet. In fast allen Lebensfeldern sieht es momentan mager aus. Daher ist die Lebenszufriedenheit von Typ 3 auch merklich gesunken. An dieser Stelle erhält Typ 3 einen Namen. Sarah glaubt nun daran, etwas an den Umständen und an ihrer inneren Einstellung ändern zu müssen und vor allem, etwas daran ändern zu können. Also beschließt Sarah, sich eine Affirmation zu schreiben, die wie folgt lautet:

„Ich erlaube mir, mich auf mein Gegenüber zu konzentrieren. Dafür lasse ich mich voll und ganz auf Gespräche mit ihm/ihr ein. Ich freue mich darüber, mehr Zeit mit Freunden und meiner Familie zu verbringen. Ich genehmige mir, von den anderen aufge-

fangen zu werden. Es fühlt sich sanft und entspannt an. Ich erlaube mir, meine Muskeln zu entspannen und tief durchzuatmen. In der Arbeit mit anderen gehe ich auf. Ich genieße es, gemeinsam mit meinen Kollegen an Projekten zu arbeiten. Ich glaube daran, zusammen eine Einheit zu bilden und jedes Ziel zu erreichen. Ich erlaube mir, hier und im Moment zu sein."

Je öfter Sarah sich solche Affirmationen zurechtlegte und aufsagte, desto größer wurde ihre eigene Achtsamkeit. Die Teamleiterin in der Firma bemerkte, dass Sarah im Umgang mit den Kollegen angenehmer wurde. Sie begann nach und nach, zu verstehen, dass Erfolg relativ ist. Erfolg darf nicht auf Kosten ihrer Lebensqualität erzielt werden, denn sonst begäbe sich Sarah auf eine Flucht vor sich selbst. In einem nächsten Schritt wollte Sarah ihre Inneren Antreiber ausfindig machen. Es waren diese beiden: „Mach schneller" und „Beiß die Zähne zusammen". Als Sarah mit ihrer Mutter sprach, erzählte diese, dass Sarahs Vater oft nicht zufrieden damit war, wie langsam Sarah zu Beginn ihrer Schulzeit war.

So steigerte sie ihr Tempo vehement und zählte immer zu den besten ihrer Schule. Allerdings hat sie dadurch selten mit anderen Kindern spielen können, auch wenn ihre Mutter häufig sogar Sarah dazu aufforderte. Sarah wurde klar, dass diese Inneren Antreiber nach dem frühen Tod ihres Vaters noch mehr ihr Leben bestimmten. So begann sie, auch Affirmationen zu schreiben, die mit ihrem überhasteten Tempo zu tun hatten.

In einem nächsten Schritt zog sie das Enneagramm noch einmal heran und schaute sich an, mit welchen Nachbartypen sie etwas anfangen konnte. Was sie von Typ 2 und Typ 4 unterschied, war, dass sie ihre Gefühle zu sehr für sich behielt. Die wenigen Freundschaften, die sie bisher hatte, beruhten auf keinem großen Vertrauen zueinander. Das führte zusätzlich dazu, dass sie das Gefühl hatte, kaum jemanden wirklich zu kennen. Sie spürte in ihrer Persönlichkeit auch die Verbindungslinie zu Typ 6. Sie plante Dinge gerne voraus und hatte eine eher pessimistische Grundhaltung.

Sarah beschloss, ein Enneagramm-Tagebuch zu führen und ihr Verhalten einen Monat lang zu reflektieren und zu beobachten. Sie las sich jeden Morgen ihre Affirmation selbst vor, zwischendurch schrieb sie eine neue. Sie traf sich mit einer neuen Kollegin spontan auf einen Kaffee und fand schnell eine Verbindung zu ihr. So wurde Sarah klar, dass sie eigentlich kein Problem damit hatte, Kontakte zu anderen Menschen aufzubauen. Sie war nur zu sehr auf ihren Erfolg konzentriert gewesen. Regelmäßig genehmigte sie sich nun auch einen Kinobesuch oder einen Spaziergang durch den Wald. In diesem Monat hörte sie sich genauer an, welche Ideen ihre Kolleginnen und Kollegen hatten, und wie diese an den Abschluss des Projektes herangingen. Sie war überrascht darüber, wie viele innovative und kreative Lösungen ihr vorher noch nie aufgefallen waren. Sarah beschloss, mit der Methodik weiter in die Tiefe zu gehen und einzelne Lebensbereiche genauer unter die Lupe zu nehmen, denn gerade die Trauer um ihren Vater belastet sie nach wie vor.

Wie Sie nun an diesem Beispiel bemerkt haben, lässt sich die Selbstanalyse mit dem Enneagramm vielseitig kombinieren und mit anderen Modellen ergänzen. Sie können das Enneagramm beliebig oft zurate ziehen. Sollten Sie einmal das Bedürfnis verspüren, mit anderen über bestimmte Themen zu sprechen, sind die Enneagramm-Seminare ratsam. Enneagramm-Experten können Ihnen da auch auf knifflige Fragen Antworten geben und weiterhelfen.

Fremdanalyse

In diesem Kapitel erfahren Sie, welche Vor- und Nachteile mit einer Fremdanalyse verbunden sind und warum die Fremdanalyse oftmals schwierig ist. Wie Sie sicher wissen, ist es nie leicht, andere Menschen davon zu überzeugen, an sich zu arbeiten. Daher werden Sie bei den Menschen am besten durchdringen, wenn Sie von Ihrer Selbstanalyse überzeugt sind und von anderen eine Veränderung in Ihrer Lebensart und in Ihrem Verhalten wahrgenommen wird.

Oft ist es auch so: Je näher Ihnen die Person steht, desto mehr verwandte Eigenschaften zu Ihren Charaktereigenschaften hat sie vorzuweisen. Wichtig ist für Sie, auch zu wissen, dass Sie nie zu vorschnell von einem Typ ausgehen sollten. Wenn Sie eine Person auf eine falsche Fährte bringen, verändert sie Eigenschaften, die überhaupt nicht kritisch oder schlecht waren. Dies könnte sogar dazu führen, dass die Person Schaden nimmt. Am besten können Sie Ihrem Gegenüber anhand der Beziehung zu ihm zeigen, was das Enneagramm über Sie beide aussagen kann, warum Sie sich so gut verstehen und was Sie machen können, um noch mehr zusammen zu wachsen. Dafür erklären Sie schließlich weiter, dass es notwendig ist, den Persönlichkeitstypen der Person auszumachen.

Erklären Sie, dass es sich hierbei nicht um irgendein Horoskop handelt, sondern dass dies in der Praxis als Persönlichkeitsmodell genutzt wird. Lesen Sie der Person Ihre Vermutung, welcher Typ sie sein könnte, vor. Findet die Beschreibung des Typen bei ihr Anklang oder verneint sie eher den Zusammenhang? Schließlich können Sie ihr auch die weiteren Typen vorstellen. Wenn Sie das Interesse geweckt haben, kann ihr Gegenüber schließlich den Selbsttest durchführen.

Sollten Sie in einer Situation sein, in der es nicht möglich ist, dem anderen, aus welchen Gründen auch immer, vom Modell des Enneagramms zu erzählen, vergewissern Sie sich, dass Sie die Eigenschaften der

Person gut genug kennen. Dann probieren Sie schlichtweg aus, ob Sie sich stärker auf die Person einlassen können, wenn Sie sich mit ihrer Persönlichkeit mehr auseinandersetzen. Schließen Sie nicht von sich auf die Person, sondern versuchen Sie wirklich, einmal voll und ganz nur die Person im Blick zu haben.

An welchen Stellen entstehen meistens Konflikte? Wie sehen diese aus? Wie oft entstehen diese? Versuchen Sie schließlich, zuerst an sich selbst zu arbeiten und dann erst bei der anderen Person anzusetzen. Meistens stellt sich unser Gegenüber nach einiger Zeit auf uns ein. Auch hier können Sie sich eine zweite Meinung bei einer Person einholen, die die andere Person ebenfalls gut kennt.

Das Enneagramm und die Liebe

In diesem Kapitel erfahren Sie, wie Sie in der Liebe mit Ihrem Typen und dem Typen des anderen umgehen können. Es ist aber auch entscheidend, die verschiedenen Typen der Liebe auszudifferenzieren. Der Fokus soll auf der partnerschaftlichen Liebe liegen, aber Ihre eigene Interpretation können Sie auch gerne auf die anderen Typen der Liebe übertragen. Wichtig ist für Sie, zu erfahren, wie Sie lieben.

Sehen Sie sich in der Form und in der Ausprägung der Liebe bei Ihrem Typ widergespiegelt? Bedenken Sie, dass es auch hier Abweichungen und Nuancen gibt. Die Sprache der Liebe ist vielseitig.

Das Enneagramm hält auch neun Typen der Liebe bereit. Bevor Sie jedoch mehr dazu erfahren, gibt es zunächst Fragen und Missverständnisse, die Sie sich selbst einmal vor Augen führen sollten. Horchen Sie tief in sich hinein und beantworten Sie für sich selbst einmal kurz, ob auf Sie das ein oder andere zutrifft. Denn auch dies beeinflusst wieder, wie Sie auf die Liebe reagieren und wie Sie lieben gelernt haben. Hier sind die neun Fragen, die Sie sich selbst stellen müssen.

Welche davon müssen Sie bejahen und welche verneinen?

1. Können Sie lieben, ohne dem anderen etwas vorschreiben zu wollen oder ihn zu verbessern?

2. Können Sie lieben, ohne eine Gegenleistung dafür zu erwarten?

3. Können Sie für die Liebe Ihren Erfolg und Ihren Status in der Gesellschaft hinter sich lassen?

4. Können Sie die Liebe sehen, wenn sie direkt vor Ihnen steht?

5. Können Sie für die Liebe mehr ins Leben treten und Ihre Ängste hinter sich lassen?

6. Können Sie für die Liebe Risiken eingehen und Neues entdecken?

7. Können Sie für die Liebe auch ernst sein und in Kauf nehmen, dass Ihnen etwas keinen Spaß macht?

8. Können Sie für die Liebe einen Besitzanspruch am anderen ablegen?

9. Können Sie für die Liebe Kontrolle abgeben

(Vgl. Fittkau, o. J.).

Nun folgen neun Missverständnisse, die Sie häufig in Verbindung mit der Liebe in der Realität finden können. Dem einen sind sie mehr bewusst, dem anderen weniger.

1. Die Liebe würde nur aus dem Guten und nicht auch aus dem Bösen bestehen.

2. Die Liebe wird als Tauschhandel verstanden.

3. Die Liebe verdient nur, wer Schönheit und Erfolg vorweist.

4. Die Liebe ist nicht erreichbar. Auf der Erde wird es keine genugtuende Liebe geben.

5. Die Liebe muss in Maßen genossen werden, sonst wird sie einen verzehren.

6. Die Liebe ist gefährlich. Mit ihr muss sorgsam und vorsichtig umgegangen werden.

7. Die Liebe ist immer leicht und erfüllt von Abwechslungsreichtum und Neuem.

8. Mein Partner gehört mir und ist nur mir gegenüber verpflichtet.

9. Die Liebe muss vor Harmonie Funken sprühen. Sonst ist sie nicht wirklich eine Liebe.

(Vgl. Fittkau, o. J.)

Nun haben Sie einen Eindruck darüber erhalten, welche Fragen und Missverständnisse im Zusammenhang mit der Liebe wesentlich sind. Jetzt erfahren Sie mehr über die Typen der Liebe und wie die einzelnen Persönlichkeitstypen auf die Liebe reagieren. Wichtig ist, vorher noch zu erwähnen, dass Sie einen Irrtum nicht begehen sollten: Ihr Seelenpartner ist nicht immer derselbe Persönlichkeitstyp, der Sie sind. Dies ist ein Trugschluss. Viele andere Persönlichkeitstypen können gut mit Ihrem kompatibel sein. Es kommt auch darauf an, wie die Person in ihrer persönlichen Neigung ist. Wie weiter oben schon erwähnt, können sich verschiedene Persönlichkeitstypen nach außen hin genau gleich verhalten.

Nun lernen Sie erst einmal die neun verschiedenen Arten kennen, wie sich Liebe ausdrücken kann. Eine Unterteilung des Seminarleiters und Enneagramm-Profis Boris Fittkau wird, wie bei den Fragen und Missverständnissen bereits geschehen, im Folgenden aufgeführt.

1. Mütterlich-unterstützende Liebe
2. Schöpferisch-tatkräftige Liebe
3. Romantisch-verzehrende Liebe
4. Geistig-platonische Liebe
5. Freundschaftlich-treue Liebe

6. Spielerisch-humorvolle Liebe
7. Kämpferisch-streitende Liebe
8. Geschwisterliche Liebe
9. Akzeptierende Liebe
(Fittkau, Boris, o. J.).

Fittkau hat den Persönlichkeitstypen im Kontext der Liebe andere Namen vergeben. Damit es Sie jedoch nicht zu sehr verwirrt, werden hier weiter die bereits benannten Persönlichkeitstypen genutzt.

1. Der kontinuierliche Umgestalter (Reformer)
Sind Sie gerecht, aber auch streng und gehen ungern Kompromisse ein? Dann sind Sie vielleicht Typ 1. Ihre Kompromisslosigkeit macht sich bemerkbar, wenn die Umstände nicht stimmen und problematisch werden. Liebe äußert sich bei Ihnen durch eine gewisse Strenge und durch eine disziplintreue Erziehung. Sie lehren damit andere, dass die Liebe Grenzen und Regeln benötigt und nicht zu unterschätzen ist. Sie scheuen sich nicht, Mühe und Arbeit in eine Beziehung zu investieren.

Für die Liebe ist es wesentlich, sich innerlich zu öffnen und auch die Bereitschaft, an den Dingen arbeiten zu wollen, ist essenziell. Die Gefahr jedoch ist, dass die Liebe dadurch zu stark festgezogen wird, da sie nur durch ein permanentes Loslassen lebt und überlebt. Wenn Sie Typ 1 sind, so müssen Sie sich die wesentliche Frage stellen, ob Sie bereit sind, loszulassen und dem anderen zu vertrauen. Sind Sie bereit, die Liebe zu sich kommen zu lassen, anstatt verzweifelt nach ihr zu greifen? Sind Sie bereit, die Fehler des anderen zuzulassen und ihn nicht permanent verbessern zu wollen? Und die alles entscheidende Frage: Sind Sie bereit, zu lieben?

2. Der umsorgende Weggefährte (Der Helfer)

Wenn Sie dieser Typ sind, beherrschen Sie das, was der erste Typ im Laufe seines Lebens erst noch lernen muss. Am besten können Sie sich die Ausprägung der Liebe hier wie die erste oben genannte Art der Liebe vorstellen: die mütterlich-unterstützende Liebe. Diese mütterliche Form äußert sich in einer Bereitschaft und Hingabe, zu geben, den anderen zu fördern und tatkräftig zu unterstützen.

Mit Lob und guten Worten geizen Sie nicht. Auch diese Liebe kann eine Schattenseite entwickeln, Fittkau nennt sie auch die „Über-Mutter“ (Fittkau, o. J.), wenn Sie nämlich etwas geben und eine Gegenleistung verlangen, die zeigt, dass die Person Ihrer Liebe würdig ist. Sie stellen eine Erwartungshaltung in den Raum. Andere müssen Sie für das lieben, was Sie für sie leisten. Es kann heftige Reaktionen bei Ihnen hervorrufen, wenn dies nicht der Fall ist. Daher werden Sie in der Liebe auch immer wieder eine Demütigung erleben, weil Sie dazu einen falschen Stolz entwickelt haben. Hier kehrt auch wieder eine der oben genannten Fragen auf: Sind Sie auch bereit, zu lieben, wenn der andere Ihre Liebe nicht erwidert? Sind Sie auch bereit, etwas zu geben, wenn Sie von dem anderen nichts erwarten können? Können Sie eine ablehnende demütigende Entscheidung auch als Teil einer Liebe sehen?

3. Der allseits Strebsame (Der Leistungsmensch)
Sie wissen sicherlich schon, welche Frage Sie gestellt bekommen, wenn Sie dieser Typ sind: Sind Sie dazu in der Lage, Ihren Status für die Liebe auszublenden? Sind Sie auch bereit, zu lieben, wenn Sie sich damit bloßstellen könnten? Sicherlich fühlen sich bei diesen Fragen nicht nur jene Menschen unwohl, die sich diesem Typ zuordnen.

Die Schattenseite dieses Typs kann die Verblendung sein. Materielle Dinge werden geliebt und bevorzugt. Diese falsche Liebe führt Sie zu Lebensaufgaben, denen Sie sich voll und ganz verpflichten. Ihr gesamtes Leben legen Sie wie ein Projekt aus (Frau/Mann, Kinder, Haus, Auto). Wenn Sie nun aber die wirkliche Liebe erkennen und diese würde Ihre Projekte zunichtemachen und sie bedrohen, wären

Sie dann bereit, diese für die Liebe aufzugeben? Würden Sie die Entscheidung treffen und dies als Zeichen wahrer Liebe erkennen? Hier einmal ein Gedankenexperiment: Sind Sie bereit, Ihren Partner auch zu lieben, wenn dieser gealtert ist? Solche Fragen sollten nicht nur diesen Typen langfristiger beschäftigen.

4. Der selbstfühlende Einzigartige
(Der Individualist)

Wenn Sie sehr kreativ mit der Liebe umgehen und Ihrer Fantasie freien Lauf lassen, dann sind Sie Typ 4. Sie schätzen die Liebe und kosten Sie gerne in vollen Zügen aus. Was meinen Sie, ist die Schattenseite des selbstfühlenden Einzigartigen? Richtig – als tragischer Romantiker zu verenden, der hohe Erwartungen an den Lebenspartner heranträgt, der nicht existiert. Denn die Sehnsucht ist Ihnen mehr wert als alles andere. Sie sind erfüllt von Melancholie und Gedankenblasen. Dahinter verbirgt sich das Weltbild, dass die Liebe nur weit entfernt und unerreichbar ist.

Die Schattenseite von Typ 4 ist, dass Sie ewig das Gefühl haben, auf die richtige Person zu warten. Damit lassen Sie möglicherweise eine Beziehung in die Brüche gehen, die für Sie gut gewesen ist. Typ 4 wäre damit von ständiger Enttäuschung begleitet. Die Fragen, die sich bei diesem Typ stellen, sind Folgende: Sind Sie bereit, sich zu lieben und Ihr Gegenüber so zu akzeptieren, wie er/sie ist? Sind Sie bereit, Ihre Wunschvorstellungen aufzugeben?

5. Der beobachtende Wissbegierige (Der Forscher)

Wenn Sie die Erkenntnis haben, dass die Liebe nicht durch Melancholie und das Schwärmen zu erreichen ist, dann sind Sie Typ 5. Allerdings haben Sie aufgehört, überhaupt nach ihr zu suchen. Sie ziehen sich mehr und mehr in sich selbst zurück und begeben sich in einen feingewobenen selbst gewählten inneren Kokon. Sie haben sich voll und ganz in sich selbst zurückgezogen.

Ihre Schattenseiten sind, dass Sie sich von Geiz und Habsucht leiten lassen. Dies wird die Liebe erschweren. Warum ist das so? Tief sitzt die Angst, von der Liebe voll und ganz eingenommen zu werden und in ihren Fängen nicht mehr man selbst zu sein. Eine sehr wichtige Frage lautet daher, ob Sie bereit sind, Ihr Innerstes preiszugeben. Sind Sie bereit, es mit jemand anderem zu teilen? Sind Sie bereit, sich hinzugeben und sich auch einmal einfach fallen zu lassen?

Können Sie aus dem Rückzug ausbrechen oder möchten Sie Ihre Woge der Sicherheit nicht missen? Tief in Gedanken verstrickt suchen Sie nach dem wahren Sinngehalt von Liebe. Was macht diese eigentlich im Kern aus? Wie lässt sie sich definieren? Was gilt es zu beachten? Sie könnten Gefahr laufen, sich so stark damit zu beschäftigen, dass Sie sie in der Praxis nicht erleben können.

6. Der instinktive Gerechtigkeitsliebhaber (Der Loyale)

Verspüren Sie Angst und Zweifel, wenn Sie an die Liebe denken? Dann könnten Sie womöglich Typ 6 sein. Am meisten verängstigt Sie, dass die Liebe unvorhersehbar ist und Sie nicht genau bestimmen und benennen können, was sie im Kern ausmacht. Sie möchten lieber die Gewohnheit und Sicherheit behalten, die Sie kennen. Ihre Stärke besteht jedoch darin, dass Sie eine unerschütterliche Treue und ein starkes Vertrauen vorweisen, wenn Sie eine Person erst einmal lieben gelernt haben. Sie verstehen dies auch als den zentralen Punkt Ihres Verständnisses von Liebe.

Besonders in schweren Zeiten wollen Sie wie ein Rettungsanker agieren und die geliebte Person auch bei hohem Wellengang stützen und schützen. Es spielt dabei keine Rolle, welche Konflikte oder Enttäuschungen aufkommen.

Sie bleiben standhaft in dem, was Sie tun. Wesentliche Fragen, die Sie sich stellen müssen, sind folgende: Sind Sie bereit, für die Liebe das Unvorhersehbare in Kauf zu nehmen und sich darauf einzulassen? Sind Sie bereit, Ihr Misstrauen beiseitezuschieben und voll und ganz zu vertrauen? Denn die Liebe ist schwer einschätzbar, sie kann Sie überall hinführen. Sind Sie bereit, dies herauszufinden? Dann sind Sie auf dem richtigen Weg, Ihre Schwächen abzuschütteln und sich auf Ihre Stärken zu fokussieren.

7. Der unstillbare Vergnügungssuchende (Der Enthusiast)

Wenn einer die Liebe ganz entspannt angeht, dann Typ 7. Mit viel Humor, Leichtigkeit und Genuss finden Sie Ihren Weg zur Liebe. Sie nehmen das Leben nicht zu ernst und wissen, dass es in der Liebe keine Hindernisse gibt. Aber ohne diesen Humor und diese Leichtigkeit wird es schnell langweilig für Sie. Sie benötigen die Abwechslung und das Feuer. Ohne ein Abenteuer sitzen Sie auf einem Berg der Enttäuschung fest. Damit wird es jedoch schwer, für eine Beziehung Verantwortung zu übernehmen.

Das Bild eines Kindes, das nie erwachsen werden will, kommt dabei auf. Die Liebe ist mehr als nur eine kurze Affäre, eine flüchtige Bekanntschaft oder ein kurzes Knistern. Sie kann ernst und beängstigend sein. Sie kann sich in eine Routine verhaften und große Verantwortung bedeuten. Sind Sie dafür bereit? Sind Sie bereit, Verantwortung zu übernehmen und sich darauf einzulassen?

8. Der entschlossene Selbstbestimmer (Der Herausfordernde)

Egoismus zeichnet sich bei Typ 8 noch deutlich stärker ab als bei Typ 7. Sie glauben nicht an die Liebe und nehmen sich aus dem Leben das, was Sie kriegen können. Es ist Ihnen dabei nicht wichtig, wie die anderen von Ihnen denken. Sie misstrauen der Liebe. Sie macht Sie schwach und lässt Sie vor anderen unsicher wirken.

Sie brauchen im Leben Gefühle, die Sie standhafter machen und Ihre Seelenruhe nicht stören können. Wenn Sie einen Partner haben, lassen Sie ihn Ihre Dominanz spüren. Sie glauben daran, dass er Ihnen zusteht, Ihnen gehört – niemand anderes hat das Recht, über meinen Partner zu entscheiden, mir allein obliegt dieses Recht. Ihr Partner hat gegenüber Ihnen die Verpflichtung, jegliches Bedürfnis zu erfüllen. Was sind Ihre guten Seiten, fragen Sie sich?

Sie durchleuchten, was häufig nicht als Liebe gesehen wird, was jedoch sehr wichtig für die Liebe werden kann: Direkt zu sein und offen zu kommunizieren, was man möchte. Sie scheuen sich nicht davor, die Person Ihrer Begierde anzusprechen. Konflikt und Leidenschaft im Streit gehören für Sie zur Liebe dazu. Liebe hat für Sie nichts mit Schranken, gesellschaftlichen Normen oder elterlichen Vorschreibungen zu tun. Für die Liebe überwinden Sie alles, denn Sie lassen sich da nicht reinreden. Fragen, die Sie sich stellen sollten? Sind Sie bereit, ehrlich und offen mit Ihrem Partner/Ihrer Partnerin zu sprechen? Sind Sie bereit, zu akzeptieren, dass Ihnen der andere nicht gehören kann?

9. Der harmoniestiftende Konfliktvermeider (Der Friedliebende)

Diesen Typen umgibt eine bekömmliche und wohltuende Liebe. Er liebt es, Mitgefühl, Verständnis und eine angenehme Atmosphäre zu verkörpern. Sie nehmen jede Person so, wie Sie sie vorfinden. Gerne sorgen und kümmern Sie sich um andere, denn das wichtigste für Sie ist, dass sich jeder in Ihrer Nähe wohl fühlt. Doch so eine hingebungsvolle Liebe hat auch ihren Haken: Sie vergessen völlig sich selbst.

Diese Selbstaufopferung geht mit einem verzerrten Verständnis von Liebe einher. Sie glauben, Harmonie und Liebe seien Synonyme, aber die Liebe kann auch sehr unangenehm und konfliktgeladen sein. Sie möchten gerne Konflikte und Probleme verbergen und beiseiteschieben. Kompromisse einzugehen, ist nicht falsch, aber für ein friedliches Miteinander alles aufzugeben, stellt auch eine falsch verstandene Liebe dar – dies führt sogar erst recht zum Konflikt.

Denn wer dieses Festkrallen an der Harmonie erst einmal bemerkt hat, wird mit Unverständnis und Wut reagieren. Also müssen Sie akzeptieren, dass zur Liebe immer zwei Seiten der Medaille gehören. So stellt sich Ihnen die Frage, ob Sie für die Liebe auch einmal einen Konflikt aushalten können und nicht nur nach der Harmonie trachten.

Eines sollte durch die Vorstellung klar geworden sein: Jeder der neun Typen hat in Bezug auf die Liebe seine Schwächen und Stärken. Vieles kann auch voneinander gelernt werden. Wer seine Verhaltensmuster studiert, lernt, zu erkennen, welche Sprache der Liebe und welche Erwartungshaltung innerlich an Sie herangetragen wird. So erhält man die Form der Liebe, die für jeden Einzelnen wirklich gut ist.

Enneagramm-Typen in Beziehungen

In diesem Kapitel soll es darum gehen, wie die Typen nun zueinander passen. Versuchen Sie, das nun Gelernte hier weiter zu verstehen. Die Verbindungslinien und Nachbartypen sagen auch etwas über die Beziehung zu anderen Menschen aus.

In der Liebe gelten oft zwei Prämissen: „Gleich und gleich gesellt sich gern" oder „Gegensätze ziehen sich an". Natürlich ist es in der Realität oft nicht so einfach, vielmehr stellen viele Paarbeziehungen eine verwässerte Mischung aus Gegensätzen und Gemeinsamkeiten dar. Sie können dann am besten eine Beziehung führen, wenn Ihr Persönlichkeitstyp in einer gesunden Balance ist und wenn Sie die starken negativen Ausprägungen Ihres Typs damit nicht ausleben. Dann können sowohl Nachbartypen gut auskommen als auch Typen, die durch eine Verbindungslinie verknüpft sind. Es ist wichtig, in einer Balance zu sein, da Sie sonst auch nur Typen anziehen, die sich ebenfalls in keiner Balance befinden. Das macht es umso schwieriger für Sie, langfristig zufriedener mit sich selbst und dem anderen zu sein.

Daher ist es auch in Paarbeziehungen nicht schlecht, gemeinsam seine Enneagrammtypen zu erarbeiten. Vielleicht stellen Sie aber auch schon bevor Sie jemanden kennenlernen fest, dass Sie nach etwas ganz Bestimmtem in einer Beziehung suchen.

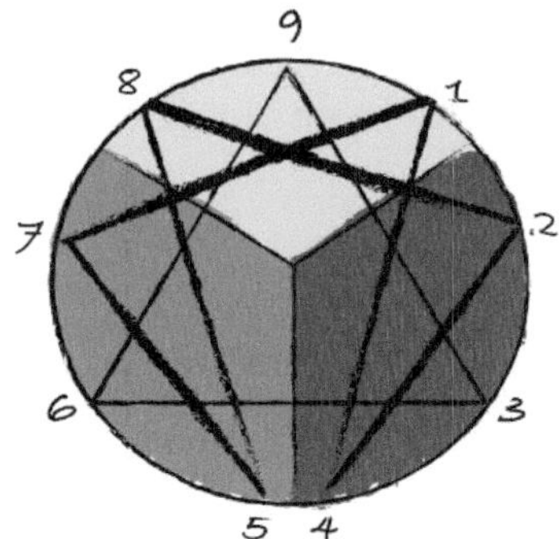

Wie bereits erwähnt, werden die genannten Optionen nur potenziell sein, denn es gibt keine absoluten Aussagen in Bezug auf Beziehungen. Diese sind genauso dynamisch wie die persönliche Entwicklung oder auch das persönliche Wachstum.

Im Folgenden werden alle Typen mit ihren Querverbindungen und Nachbartypen aufgelistet. Durch die Verbindung und auch durch die Gemeinsamkeit des Kopf-, Herz- oder Bauchtyps neigen diese Typen eher dazu, miteinander auszukommen.

Typen, die potenziell zueinander passen:

Typ 1: 7, 4, 9, 2

Typ 2: 8, 4, 1, 3

Typ 3: 9, 6, 2, 4

Typ 4: 2, 1, 3, 5

Typ 5: 7, 6, 4

Typ 6: 3, 9, 7, 5

Typ 7: 1, 5, 6, 8

Typ 8: 2, 5, 9, 7

Typ 9: 3, 6, 8, 1

Ihnen ist bestimmt aufgefallen, dass gerade Typ 9 oft Erwähnung findet. Seine Charaktereigenschaften nutzen einer Beziehung stark. Die Bereitschaft, zuzuhören und die Meinung nicht immer dem anderen auf die Nase binden zu wollen, zahlt sich für Typ 9 aus. Besonders Typ 3 und Typ 4 sollten darauf achten, dem anderen mehr Raum zu geben. Nur so wird die Beziehung auf Dauer funktionieren können.

Durch Typologie Paarbeziehungen verbessern

Wie oben schon benannt, sind einige Typen von Natur aus unkomplizierter in Beziehungen, andere wiederum müssen hart an sich arbeiten, um dem anderen nicht zur Last zu fallen oder um ihm auch mehr Raum zu geben. Eine emotionale Überlastung kann vor allem bei den Typen 3 und 4 entstehen. Diese haben einen starken Ich-Fokus und müssen lernen, dem anderen den nötigen Raum zu geben. Alle Kopftypen müssen darauf achten, mit ihren Gefühlen, mit deren Ausdruck und mit der Wahrnehmung der Gefühle des anderen nicht zu sparen.

Die Typen 1 und 8 müssen in der Beziehung zu ihrem Partner geduldiger werden. Vor allem im Bereich der Beziehungen müssen alle genannten Typen noch viel von anderen Persönlichkeitstypen lernen. Sehen Sie sich an, welche Verbindung Sie und Ihr Partner haben. Keine Sorge, einige Partner haben keine Verbindungslinie oder sind auch keine Nachbartypen.

Dennoch sagt das nichts über die Qualität Ihrer Beziehung aus, denn wie Sie ja wissen, tragen Menschen verschiedene Eigenschaften in sich, die sich durchaus mit anderen Typen überschneiden können. Daher könnten die Typen 4 und 8 durchaus miteinander auskommen. Beide haben kein Problem damit, Gefühle auszudrücken. Typ 8 muss bloß an seiner Geduld arbeiten, während Typ 4 nicht zu sehr sich selbst in den Fokus rücken darf. Zwischen diesen Typen könnten Konflikte entstehen, sie könnten aber auch besonders nahe zueinander finden.

Anekdote:

Christian und Linda sind seit zwei Jahren ein Paar. Linda ist Typ 2 und Christian Typ 5. Anfangs konnte keiner glauben, dass die beiden ein Paar sind. Christian sei doch in seine Bücher verliebt, scherzten seine Kollegen aus dem Labor. Linda arbeitet mit Kindern in einer Tagesstätte. Wie würden die beiden zusammenpassen? Sie liebt die Beziehung zu Menschen und sucht die Nähe zu diesen, Christian verkrümelt sich lieber auf einem alten zerschlissenen Sessel und lese vor sich hin. Die beiden sind gut darin, anderen zu helfen, jeder auf seine Weise.

Allerdings fängt die Beziehung seit einiger Zeit an, zu kriseln. Christian weiß, dass er einen großen Teil dazu beiträgt. Er öffnet sich viel zu wenig seiner Partnerin gegenüber, er erzählt nicht, was ihm gerade durch den Kopf geht, was ihn belastet. Linda hat eine ganze Weile dazu nichts gesagt. Sie bindet Christian nicht gerne eine negative Meinung auf. Also hatten beide eine Weile erst einmal so vor sich her gelebt. Aber nun wird Linda immer unruhiger.

Die Fragen häufen sich und Christian weicht ihr aus. Das macht die eigentlich empathische und mitfühlende Linda wütend. Sie fühlt sich abgewiesen und außen vorgelassen. Sie selbst kommt sich mit der Fragerei langsam dumm vor, denn sie möchte ihrem Partner nicht immer alles aus der Nase ziehen müssen. Nachdem beide das Enneagramm-Modell zurate gezogen haben, haben sie verstanden, dass sie mehr aufeinander zugehen müssen. Als Menschen, die jeweils völlig anders mit Gefühlen, mit dem Alltag und mit Problemen umgehen, müssen sie lernen, aufeinander zuzugehen. Christian hat den ersten Schritt gemacht und Linda seine Bereitschaft, an sich zu arbeiten, verkündet. Linda arbeitet nun auch daran, mehr zu sagen, wenn sie etwas stört, während Christian mehr auf seiner Gefühlsebene mit Linda spricht.

Weil die beiden ihr Problem noch rechtzeitig erkannt haben, konnten sie ihre Beziehung vor dem Zusammenbruch und letztlich vor der Trennung bewahren. Besonders Christian lernt nun, wie er sich verstärkt auf die anderen Typen einlassen kann, denn nicht nur im direkten Abgleich mit dem Typ des Partners lernt sich vieles, sondern auch im direkten Vergleich mit anderen Typen. So schafft er es, vielschichtig zu verstehen, wo es in seinem Leben Probleme gibt und welche Charaktereigenschaften nicht mit denen anderer konform gehen.

Es gibt kein Patentrezept dafür, wie Sie Ihre Beziehung zu führen haben, um langfristig mit Ihrem Partner glücklich zu sein. Aber in einer Beziehung gibt es, ähnlich wie bei der Selbstreflexion, einen schmerzhaften Punkt. Gerade, wenn Sie besonders viel Distanz verspüren oder Konflikte an der Tagesordnung stehen, haben sich Spannungen lange aufgeladen, ohne dass daran gearbeitet wurde.

Einsatz des Enneagramms im Berufs- und Arbeitsleben

In diesem Kapitel erfahren Sie, wie Sie das Know-how rund um das Enneagramm im Beruf verwenden können. Ihre Fähigkeiten können so zum gezielten Einsatz kommen. Besonders im Beruf lässt sich das Modell gut mit anderen Methoden der Weiterbildung und der Erwachsenenbildung kombinieren. Hier erfahren Sie, welche Methoden sich gut dafür eignen. Gerne können Sie auch bereits bewährte Methoden in Ihrem Betrieb nutzen und mit dem Enneagramm gemeinsam den Einsatz und die Potenzialoptimierung noch weiter steigern.

Das Enneagramm eignet sich im Berufsleben insbesondere zur Verbesserung des Arbeitsklimas. Am weitesten kommen Sie immer, wenn Sie eine gewisse Menschenkenntnis entwickeln. Und diese schaffen Sie über das Enneagramm. Daher ist es dort nutzbar, wo Sie mit Menschen zusammenkommen, mit ihnen kooperieren und zusammenarbeiten. Besonders entscheidend ist, dass Sie die Motivation, die Stärken und die Schwächen der Menschen durch die Persönlichkeitstypen ausfindig machen können.

Sie möchten sicher wissen, wie Sie mit Ihren Kolleginnen und Kollegen oder auch mit Ihren Mitarbeiterinnen und Mitarbeitern umgehen sollen, welche Persönlichkeiten gute und schlechte Gewohnheiten mit sich bringen und was Sie im Einzelnen noch über die verschiedenen Typen mitnehmen können. Zum Beispiel Edith Howorka bietet dafür zahlreiche Workshops und Seminare an (Näheres dazu unter www.enneagrammcoach.at/de/). Diese Schulungen können zu einem besseren Arbeitsklima und zu einem höheren Vertrauen zueinander beitragen.

Wichtig ist dabei, zu beachten, dass jeder Persönlichkeitstypus anders motiviert werden muss.

Jeder arbeitet anders und denkt in anderen Denkstrukturen. Der Raum zum gemeinsamen Lernen muss geschaffen werden. Dies kann durch eine Atmosphäre des Zusammenhaltes und des gegenseitigen Bestärkens geschehen. Andererseits muss ein Erkenntnisinteresse darüber geschaffen werden, was der jeweils andere sich wünscht.

Sind Sie skeptisch, ob es wirklich Konzerne gibt, die das Programm in Anspruch nehmen? Überzeugen Sie sich selbst davon. Mehr als 70 Konzerne sind bereits von dem System des Enneagramms begeistert. Es gibt sogar ein Netzwerk von Unternehmen, das sich regelmäßig über die Erfahrungen des Enneagramms austauscht.

Weitere Informationen darüber finden Sie unter www.theenneagraminbusiness.com.

Verschiedenste Themen werden dabei behandelt, unter anderem Kommunikation, Teambuilding, Konfliktmanagement und Leadership.

Wenn Sie also das Ziel haben, ein Team zu leiten, können Sie sich Ihren Typ ansehen. Ist diese Fähigkeit bei Ihnen schon von Natur aus ausgeprägt? Sind Sie schon gut darin, zu verstehen, was andere von Ihnen wollen? Sind Sie extrovertiert genug, um eine Gruppe anzuleiten? Ansonsten müssen Sie an diesen Fähigkeiten arbeiten. Wenn Sie die Persönlichkeiten Ihrer Mitarbeiter besser verstehen wollen, können

Sie im Rahmen einer Optimierungswoche oder einer Teamcoachingwoche das Modell mit Ihrem Team durchgehen. Sie können einen Experten dazu holen, Sie können aber auch erst einmal die grundlegenden Prinzipien des Enneagramms erklären und die Aufgabe einer Selbstbeschreibung stellen.

Dafür erhält jeder im Team 15 Minuten Zeit. Dies kommt auf Zettel ohne Namen. Anschließend lesen Sie sich die Zettel durch und notieren daraus resultierende Eigenschaften. Schließlich bitten Sie einen Kollegen nach vorne. Er dreht sich mit dem Rücken zu Ihnen und die anderen Kollegen kleben wortlos die zutreffenden Merkmale mit etwas Kreppband an seinen Rücken. Dies wird mit jedem Kollegen wiederholt. Erst zum Schluss wird pro Person aufgelöst. Die Person äußert sich darüber, ob Sie die Zuschreibungen gerechtfertigt findet oder nicht. Schließlich macht jede Person den Enneagramm-Test. Überschneiden sich die zugeschriebenen Charaktereigenschaften mit denen, die die anderen ausgewählt haben? Ihre Mitarbeiter oder auch Ihre Kollegen werden sich noch einmal völlig anders kennenlernen. Machen Sie nach dem Reflexionsprozess darauf aufmerksam, dass sich alle Typen mehr aufeinander und miteinander verständigen müssen. Daher sollten vor allem jene Typen über ihre Beziehungen nachdenken, die öfter einmal zu Konflikten neigen. Schließlich können Sie auf einer Flipchart mit einem Enneagramm alle Mitarbeiter mit einer Pinnnadel markieren. So wird allen Mitarbeitern klar, wo Sie gemeinsam zu verorten sind. Sie können auch die Fragen in den Raum werfen, ob die Work-Life-Balance gegeben ist, ob Ihre Mitarbeiter/innen mit dem Arbeitsklima zufrieden sind und ob genug Pausen oder auch genug Gespräche miteinander geführt werden. Dadurch wird es möglich, auch andere Lebensfelder miteinzubringen. Überlegen Sie sich gemeinsam, wie Sie die benannten Erkenntnisse in den Arbeitsalltag integrieren können. Lohnt es sich, die Übungen zu wiederholen? Oder hat einer der Teilnehmenden eine andere Idee für die Umsetzung? Gibt es Aktivitäten, die einen gemeinschaftsfördernden Faktor besitzen? Ist eine gemeinsame Routine vorhanden?

Anekdote: In einem großen Konzern gab es eine Abteilung, die als Schnittstelle für verschiedene andere Abteilungen entscheidend war. Der Vorsitzende der Abteilung ist gerade eingesetzt worden, nachdem der letzte in den Ruhestand gegangen war. Dauernd fehlten wichtige Daten auf dem Server oder die Abgabefristen wurden trotz mehrmaliger Erinnerung an die Mitarbeiter nicht eingehalten. Auch die Stimmung kippte merklich.

Es fehlten in regelmäßigen Abständen immer wieder Leute, sodass die Projekte auch nur schleppend vorankamen. Der Vorsitzende wurde das Gefühl nicht los, dass die Mitarbeiter ihn als neuen Vorgesetzten nicht respektierten. Also beschloss er, die Methodik des Enneagramms zu verwenden, und führte einen dreitägigen Workshop mit den Mitarbeitern durch. Er lernte, was sich die Mitarbeiter von ihm erhofften und wie oft sie ihn mit dem ehemaligen Vorgesetzten verglichen, was dieser gut und schlecht gemacht hätte etc. Der neue Vorgesetzte sollte sich an dieses Tempo halten, da es allen gefiel und sie daran gewöhnt seien. Schließlich passierte das Wichtigste: Der Vorgesetzte machte seinen Standpunkt deutlich. Er machte deutlich, dass er neue Methoden und eine andere Herangehensweise hätte. Er könnte als Individuum auch gar nicht den ehemaligen Vorgesetzten nachahmen und er wollte dies auch nicht. Er bekundete, dass er die Meinung der gesamten Abteilung respektierte, und wies noch einmal darauf hin, welche Bedeutung sie für den Rest der Firma hätten. Er zeigte auf, dass sie als ein gemeinsames Team an einem Strang ziehen müssen. Nach der Aufnahme der Erwartungsabfrage hatte jeder die Möglichkeit, dem Vorgesetzten Vorschläge zur Verbesserung zu unterbreiten. Ihm kam dabei eine Idee auf. Es wurde eine Briefbox aufgestellt, in der die Mitarbeiter einen anonymen Brief einwerfen konnten, der zum nächsten Wochenbeginn im Team vorgelesen wurde. Indem der Vorgesetzte den Diskurs gesucht hat und auf die Kritik seiner Mitarbeiter eingegangen ist, hat er sich den nötigen Respekt und die Anerkennung der Mitarbeiter verschafft. Viele hatten anfänglich die Motivation an der Arbeit verloren, denn ihre jahrelange Routine war in sich zusammengebrochen. Zudem hatten sie das Gefühl gehabt, dass ihnen nicht zugehört wurde. Mit der Nutzung des Konzeptes war es möglich, dass sich der Vorgesetzte besser im Team verorten konnte. Er wusste nun, dass er auf sie zählen konnte und keine Konflikte mehr entstehen würden.

Info: Bedenken Sie, dass Persönlichkeitsmodelle im Bereich der Arbeit, des Coachings und der Teamleitung auch eine Form der Weiterbildung darstellen können. Besprechen Sie das am besten mit Ihrem Vorstand, Ihrer Abteilung oder mit anderweitig Zuständigen. Möglicherweise lässt sich dies dann ja auch besser in den Betrieb etablieren, wenn es dafür eigens Betriebstage gibt und ein Finanzierungsetat bereitsteht.

Mit dem Enneagramm in 10 Schritten zur Selbstoptimierung

Nun haben Sie alles über das Enneagramm erfahren, was Sie wissen müssen, um es für sich selbst gekonnt einzusetzen. Hier soll es nun um eine 10-Schritte-Anleitung gehen, mit der Sie nicht nur sich selbst, sondern auch anderen die Nutzung des Enneagramms vereinfachen können.

Schritt 1: Den eigenen Typ selbst beschreiben. Notieren Sie sich einmal Ihre wesentlichsten Eigenschaften.

Schritt 2: Nun geht es darum, zu erkennen, ob der Test und Ihre Beschreibung deckungsgleich sind. Führen Sie den Test hier noch einmal durch oder nutzen Sie einen der vielen Tests, die Sie auch online machen können. Ganz nach Ihrem Belieben.

Schritt 3: Nutzen Sie das Lebensfeldmodell und bewerten Sie den Vorrang der Lebensfelder und die momentane Qualität dieser. Daran lässt sich auch erkennen, an welcher Stelle Sie gerade besonders arbeiten sollten.

Schritt 4: Danach können Sie entsprechend Ziele formulieren. Ziehen Sie auch die Schwächen eines Typs heran und notieren Sie sich die fünf größten Probleme oder auch Ziele. Die Inneren Antreiber sollten Sie auch sehr genau unter die Lupe nehmen. Was treibt Sie im täglichen Leben an?

Schritt 5: Schreiben Sie sich Affirmationen. Verkennen Sie nicht den Wert einer Affirmation. Je gründlicher und detaillierter, desto besser. Am Ende des Schreibprozesses sollten Sie die Affirmation gut durchlesen. Welches Gefühl kommt dabei auf? Fühlen Sie sich beim Lesen wohl? Finden Sie die Affirmation passend und zuversichtlich? Stimmt Sie die Affirmation positiv und optimistisch? Dann haben Sie alles richtig gemacht.

Schritt 6: Planen Sie für die Reflexion im Alltag genügend Zeit ein. Wie groß ist die Eigenschaft, an der Sie arbeiten wollen, wie stark bestimmt diese Ihr Leben? Entsprechend den Antworten auf diese Fragen sollten Sie genügend Zeit einplanen. Grundsätzlich eignet sich etwa ein Monat zum Einpendeln einer Routine. Planen Sie daher ruhig einen längeren Zeitraum ein. Achtsamkeit ist kein Prozess, der zwei Tage andauert. Es ist ein langwieriger und manchmal auch schmerzhafter Prozess. An der einen oder anderen Stelle könnten Sie ins alte Muster zurückfallen. Besonders dann sollten Sie ein Tagebuch darüber führen, weshalb Sie wieder in alte Muster zurückgefallen sind. Sie fühlen sich wieder wertlos? Welche Situationen haben diese tiefsitzende Weltanschauung und Selbstanschauung wieder bestärkt?

Schritt 7: Wenn Sie das Enneagramm erst einmal grundsätzlich für Ihr Leben genutzt haben, können Sie sich an die Detailarbeit machen. Ängste und Traumata sitzen tief, daher sollten Sie sich auch darüber im Klaren sein, dass sich einiges erst nach und nach verarbeiten lässt. Sollte es zu belastend sein, können Sie auch therapeutische Hilfe in Anspruch nehmen.

Wie weiter oben schon aufgeführt, gibt es Therapeuten, die das Konzept des Enneagramms nutzen. So können Sie eine gute Patienten-Therapeuten-Beziehung aufbauen und sich auf ein gemeinsames Vergleichsmaß mit Ihrem Therapeuten einigen.

Schritt 8: Je besser Sie das Prinzip des Enneagramms verstanden haben, desto besser werden Sie tiefer gehende Persönlichkeitseigenschaften herausfinden. Es ist am Anfang etwas knifflig, die Persönlichkeitseigenschaften der anderen Typen mit dem eigenen Persönlichkeitstypen abzugleichen und die Verbindungslinien zu Ihrem Charakter herzustellen.

Schritt 9: Vor allem zu Beginn ist es ratsam, eher mit Menschen darüber zu sprechen, denen das Enneagramm ein Begriff ist. Durch die Möglichkeit der schnellen Reflexion könnte es den ein oder anderen verwirren, warum Sie Ihr jahrzehntelang gehandhabtes Verhalten plötzlich verändern wollen. Wie bei allen Persönlichkeitsmodellen gilt: Wer es nicht schon einmal ausprobiert hat, der kann es auch nicht wirklich verstehen. Daher seien Sie auch ein Ansporn für die Menschen in Ihrer Umgebung.

Schritt 10: Zu guter Letzt gilt, dass auch die Enneagramm-Forschung immer wieder neue Möglichkeiten sucht, das Modell zu optimieren. Daher können Sie nur aus der Auseinandersetzung mit den aktuellen Entwicklungen profitieren. Je länger Sie Achtsamkeit und Resilienz in Ihr Leben einplanen, desto weniger werden Sie davon überrascht werden, dass Sie eines Tages merken, wie unglücklich und unausgeglichen Sie sind.

Das oberste Ziel sollte daher immer sein, zu einem zufriedeneren und glücklicheren Leben zu gelangen. Dabei geht es immer um Ihre Definition eines glücklichen Lebens. Nutzen Sie das Enneagramm als eine Blaupause und sehen Sie sich dann an, was Sie verändern möchten. Denn nur Sie selbst bemächtigen sich dazu, etwas an Ihren Lebenseinstellungen und an Ihren Lebensumständen zu verändern. Probieren Sie es aus!

Eine Schritt-für-Schritt-Anleitung können Sie auch beliebig selbst erstellen. Je stärker eine Methode von Ihnen selbst konstruiert ist, desto besser ist diese für Ihre eigene Realität und für Ihre Persönlichkeit. Eine Liste mit zehn wünschenswerten Eigenschaften kann da auch der erste Anreiz sein. Was wollten Sie selbst schon immer einmal an sich verändern oder verbessern? An welchen Fähigkeiten möchten Sie arbeiten und welche Fähigkeiten finden Sie schon so gut, wie sie sind? Danach können Sie schließlich Ihre eigene Schritt-für-Schritt-Anleitung schreiben. Machen Sie es sich jedoch nicht zu schwer und bröseln Sie Ihre Ziele auf. Vieles braucht seine Zeit und gerade Zeitmanagement ist oft ein großer Faktor dafür, warum Sie mit Methoden anfangen und diese letztlich aus Zeitgründen nicht weiter ausführen und schließlich nicht zu Ende bringen.

Schlusswort

Nutzen Sie die Chance einer Selbstverbesserung. Das Wissen über das Enneagramm wird seit Jahrhunderten bereits gesammelt. Gemeinsam mit dem Wissen aus der therapeutischen Praxis und mit der Persönlichkeitspsychologie stellt es ein unverkennbares Modell dar. Nach dieser Lektüre werden Sie sicher erstaunt darüber sein, wie ein spirituelles Symbol eine solche Erklärungskraft vorweisen kann. Es eignet sich als Richtschnur, um eine Reflexionsphase durchzuführen.

Wenn Sie nicht wissen, wo Sie anfangen sollen oder was Ihnen fehlt, hilft das Modell beim Verständnis und zur Bewältigung Ihrer innersten Probleme. Natürlich kann es auch mit von Ihnen präferierten Modellen genutzt werden. Wenn Ihnen das Lebensrad, die Affirmationen oder die Inneren Antreiber nicht weiterhelfen, verzweifeln Sie nicht. Sie können selbst wählen, welche Methoden Sie zusätzlich zum Enneagramm nutzen wollen. Wichtig ist nur, dass die Modelle miteinander gut funktionieren und nicht gegeneinander arbeiten. Es gibt Modelle, die eignen sich gut für zwischenmenschliche Beziehungen, da diese immer einen Partner voraussetzen.

Es gibt Modelle, die Sie im Beruf verwenden können. Es gibt aber auch Modelle, die Sie nur für das persönliche Wachstum und für die Selbstverbesserung wählen können. Bei jeder Methodik gilt: Sie ist nur so gut, wie Sie sie auch empfinden. Es geht dabei nicht um eine detailgetreue und exakte Eins-zu-Eins-Durchführung. Wichtiger ist, wie und was die Methode in Ihnen auslöst. Die Schritt-für-Schritt-Anleitung soll Ihnen zur Vereinfachung dienen und Ihnen beim ersten Einfinden helfen.

Sie können aber auch gerne einen Schritt auslassen oder einen Schritt vorziehen, wenn Sie das Gefühl haben, dass es das Richtige ist. Sie konstruieren Ihr eigenes Selbst jeden Tag. Ihre Entscheidungen, Ihre Lebensrealität und Ihre Empfindungen basieren auf der Wahrnehmung und Selbstfindung Ihres Selbst. Alle Typen haben eines gemein: Es gibt keine ausgereiften Typen, keinen guten oder schlechten

Typen – es gibt nur unausgeglichene Typen. Verlieren Sie bei der Wahrnehmung Ihrer Außenwelt nicht sich selbst aus dem Blick, vergessen Sie in Ihrer inneren Realität aber ebenfalls nicht, dass es auch eine Welt da draußen gibt. Wenn Sie einmal müde davon werden, sich mit all dem zu beschäftigen, gönnen Sie sich eine Auszeit.

Unter Druck schaffen Sie keine Lösungen und Erkenntnisse, sondern nur Ängste, Stress und Sorgen. Wenn Sie das Gefühl haben, Sie schaffen die Bewältigung eines Problems nicht allein, ist dies auch kein Weltuntergang. Holen Sie sich jemanden dazu, ob es nun ein Experte ist oder ein/e Freund/in. Wenn Sie mehr über das Enneagramm erfahren wollen, können Sie auch jederzeit die Seite des „Ökumenischen Arbeitskreises Enneagramm“ aufsuchen. Dort erhalten Sie Einblicke in eine Vielzahl von Themen. Regelmäßig werden Beiträge und Gastbeiträge zu dem Thema hochgeladen. Zudem gibt es eine vom Ökumenischen Arbeitskreis herausgebrachte Enneagramm-App. Mit dieser können Sie mehr über Ihren Typ erfahren und von unterwegs oder bequem von Zuhause aus können Sie jederzeit auf die App zugreifen. Dieses Hilfsmittel ist gegebenenfalls auch hilfreich, wenn Sie jemand anderem das Modell genauer erklären möchten und für eine Buchlektüre nicht die Zeit da ist.

Ansonsten sind Sie aber auch mit den Informationen, die Sie hier erhalten haben, erst einmal gut bedient. Wenn Sie mehr erfahren möchten, sollten Sie die Klassiker der Enneagramm-Lehre von Andreas Ebert und Richard Rohr lesen.

Bedenken Sie an dieser Stelle eines: Das Leben, das Sie führen, führen Sie entweder selbst, Sie lassen es sich aufbinden oder es zieht Sie einfach nur mit. Sie können selbst entscheiden, wie Sie Ihr Leben führen wollen. Achtsamkeit und Bewusstseinswerdung sollen helfen, die eigene Rolle in der Welt als solche und in Ihrer persönlichen Lebenswelt zu verstehen. Manchmal führt dies auch dazu, dass Sie Ihr bisheriges Leben völlig hinterfragen. Das kann auch Unsicherheit und Angst hervorrufen.

Bedenken Sie aber dabei, dass Sie selbst bestimmen, wie weit Sie es zulassen. Am Ende Ihrer Reise wollen Sie nach hinten blicken können und einen langen beschwerlichen Weg sehen, der Sie durch das ein oder andere Abenteuer geführt hat. Ein Weg, der Ihnen gezeigt hat, wie Sie lieben und wie Sie Schmerz ausdrücken, wie Sie den Genuss kosten und wie Sie auch darauf verzichten können, wie Sie lachen und auch weinen können. Sie wollen einen Weg sehen, der nur Ihrer ist.

Natürlich sind auch vor Ihnen Menschen diesen Weg gegangen, aber nicht so wie Sie. Sie haben auch einmal Irrwege und Sackgassen genommen, sind eine Weile dort verharrt und dann wieder zurück auf Ihren eigentlichen Weg gekommen. Sie haben manchmal eine einfache Route genommen und festgestellt, dass es die schwere Route ist und manchmal haben Sie die schwere Route genommen und festgestellt, dass es die einfache Route ist. Eine ganze Weile sind Menschen neben Ihnen her gegangen. Manche haben Sie hinter sich gelassen und manchmal haben Sie sich darauf geeinigt, getrennte Wege zu gehen. Egal wie das Wetter und Ihr innerer Gemütszustand war, Sie sind weiter gegangen. Sie haben die Sonnenstrahlen genossen und Sie haben im Winter Ihr von Kälte erstarrtes Gesicht gewärmt. Sie haben sich versteckt, wenn Sie glaubten, eine Bedrohung zu sehen, und Sie haben die Flucht ergriffen, wenn Sie keine Zeit mehr zum Verstecken hatten. Am Ende sind Sie diesen Weg gegangen.

Und was war das Wichtige dabei? – Dass Sie auf diesem Weg zwischendurch einmal einen kurzen Blick nach hinten geworfen haben, dass Sie auch einmal stehen geblieben sind und in die Weite gehorcht haben und dass Sie sich von einem Hang aus angesehen haben, was Sie erwarten könnte. Sie haben Ihren Weg immer wieder abgeschätzt und sind nicht wahllos umher getrabt. Sie haben Ihre Route ausgesucht, Sie selbst gewählt, egal aus welchen Gründen und Gefühlen heraus.

Die Entscheidung haben Sie zu Ihrer eigenen gemacht – Ihre Lebensroute. Also durchschreiten Sie diese mit mehr Achtsamkeit. Sie werden sich selbst noch dafür danken, Ihren Weg selbst gewählt zu haben, denn am Ende wird Ihnen nur eines bleiben, die Erinnerung an diesen Weg.

Literatur

Claudius Verlag (o. J.). Autorinnen und Autoren.

Ebert, Andreas & Rohr, Richard (2013). Das Enneagramm.

Ebert, Andreas & Rohr, Richard (1989). Das Enneagramm, Die 9 Gesichter der Seele. Claudius-Verlag, München 1989, S. 231

Eysenck, Hans Jürgen (1947). Dimensions of personality. Transactions Publishers.

Frahling, Adolf (2016). Enneagramm II - Spiritualität - Bausteine.

Gallen, Marianne (o. J.). Enneagramm.

Hüther, Gerald (2015). Neurobiologe Gerald Hüther - Hirnforscher: „Was man lernen will, muss unter die Haut gehen.

o. A. (o. J.) Eclecticenergies - Enneagramm Einführung.

Ökumenische Arbeitskreis Enneagramm (2019). Flügel und Entwicklungslinien.

Ökumenischer Arbeitskreis Enneagramm (2019) Seminare & Workshops.

Ökumenischer Arbeitskreis Enneagramm (2019). Gelebtes Enneagramm – Schwerpunkt Mustersuche.

Sufi-Zentrum Braunschweig (o. J.). Das Sufi-Enneagramm.

Maschlanka, Anja (o. J.). Das Lebensrad als Werkzeug für die Persönlichkeitsentwicklung.

Michael, Wolf (2014). Enneagramm.

Naranjo, Claudio (1992). Erkenne dich selbst im Enneagramm. München.

Olschewski, Wolfgang (o. J.). Die Herz-Typen (2 - 3 - 4).

Pillay, Kriben (1997). Spirituality and Psychology: The Work of A. H. Almaas.

Senftleben, Ralf (o. J.). Affirmationen – ein praktischer Weg zu Wachstum, Veränderung und Heilung.

The Enneagramm In Business (2019).